农业科技社会化服务视角下农业生产服务外包机制研究

李寅秋　郭　冰　著

中国农业出版社
农村读物出版社
北　京

图书在版编目（CIP）数据

农业科技社会化服务视角下农业生产服务外包机制研究 / 李寅秋，郭冰著 . —北京：中国农业出版社，2023.2
ISBN 978 - 7 - 109 - 30539 - 7

Ⅰ.①农…　Ⅱ.①李…②郭…　Ⅲ.①农业生产—生产服务—对外承包—研究—中国　Ⅳ.①F326.6

中国国家版本馆 CIP 数据核字（2023）第 049906 号

中国农业出版社出版
地址：北京市朝阳区麦子店街 18 号楼
邮编：100125
策划编辑：王金环
责任编辑：肖　邦
版式设计：王　晨　责任校对：吴丽婷
印刷：三河市国英印务有限公司
版次：2023 年 2 月第 1 版
印次：2023 年 2 月河北第 1 次印刷
发行：新华书店北京发行所
开本：700mm×1000mm　1/16
印张：8.25
字数：113 千字
定价：50.00 元

前　言

　　强国必先强农，农强方能国强。巩固农业基础、实现农业现代化，抓紧抓好粮食和重要农产品稳产保供，一直是我国农业农村现代化建设的重要目标和重点任务。当前，世界百年未有之大变局加速演进，我国发展进入战略机遇和风险挑战并存，不确定、难预料因素增多的时期，全面建设社会主义现代化国家，最艰巨最繁重的任务仍然在农村，难点在农业。面对农业发展要求，规模经营是现代农业发展的有效途径。随着经营规模的扩大，边际成本极低的科技和机械等现代农业生产要素得以应用，专业化和组织化的现代经营管理模式也由于管理规模的扩大凸显出经营优势，这都使得农业规模经营成为农业现代化的重要途径之一。然而，人口基数大、耕地面积少、农业人口多、自然资源相对匮乏等一系列问题严重限制了我国耕地规模经营水平，进而制约了我国农业生产的专业化、标准化、规模化和集约化程度。面对上述问题和困难，不少学者借鉴国外经典理论和发展经验，提出利用技术进步来推动我国传统农业发展的解决方案。

　　但是，相对落后的农业人口文化素质和较低的科技成果转化率成为我国科技带动农业发展的重要障碍。因此，拓宽研究思路，找寻新的发展路径势在必行。除了科技创新的"硬进步"外，管理模式的"软进步"——"外包"也能有效促进农业的发展。国内外学者在工业生产和国际贸易领域的研究也表明，外包能够带来显著的就业率提升、生产率增加和产业的发展。基于上述背景，本书围绕外包在农业生产中的应用展开研究，旨在利用农业经济学理论和计量经济学方法，在实地调研和实证研究的基础上，以水稻生产为例，科学地分析目前中国农业生产环节外包现状及问题，综合比较农业生产环节外包带来的各种效益，重点考察水稻生产环节外包供给和需求主体、特征、模式及影响供给和需求的宏观、微观因素，并在供求研究的基础上，深入探究水稻生产环节外包供求非均衡的原因、机制，最终找出合理优化供求关系及供求高效率平衡的实现路径。

本书在写作过程中，得到了南京农业大学陈超教授、展进涛教授和江苏省农业科学院孙洪武研究员的指导；在相关调研和数据获取过程中，得到了农业农村部科技教育司以及相关省份农业农村厅科技教育处领导专家的支持，在此一并表示感谢！

著　者

2022 年 12 月

目 录

1 引　　言

1.1　问题的提出

自从改革开放以来，特别是家庭承包经营实行以来，我国农业获得了突飞猛进的发展，无论是用 7％的耕地养活了世界 20％以上的人口，还是 2017 年袁隆平院士培育出单产达 1 149.02 kg 的超级稻，都展示了我国农业的强大实力，为经济的高速发展提供了坚强后盾。但是，我国农业发展中的问题却越来越突出。第一，农民收入问题。1997—2006 年城镇居民家庭人均可支配收入的年增长率为 10.03％，相比之下同时期中国农村居民家庭人均纯收入的年增长率仅为 6.47％，城乡差距日益扩大。第二，粮食安全问题。长期以来我国水稻产量呈现剧烈波动，多重因素的共同作用使中国的水稻生产出现一种"减产容易增产难"的境地（展进涛，2008）。第三，由于我国人多地少、人均资源匮乏，国外农业现代化的必由之路——规模经营在我国实行困难，我国农业未来现代化、产业化发展路径堪忧。面对上述问题，有学者借鉴舒尔茨（T. W. Schultz）和速水、拉坦等（Hayami Y. and Ruttan V. W.）基于新古典经济学的理论分析框架，认为技术进步是农业高速发展的重要源泉，我国农业发展中出现的各种问题都可以依靠科技进步逐一解决。

但是除了科技创新的"硬进步"以外，管理模式的"软进步"也能有效促进农业的发展。从简单意义上来说，外包（outsourcing）应该属于企业管理战略的微观决策行为，体现了现代生产（服务）的社会化分工及规模经营的本质特点与内涵。因此，外包作为一种现代管理理念和管理模式，引起了国内外学者高度关注。Arndt（1999）认为在自由贸易框架下离岸外包有利于增加工作岗位和职工工资。Mann 在 2004 年对美国信息技术部门进行了研究，得出和 Arndt 相同的观点：产业在外包业务过程中展示出了较高的就业增长率，因此不仅不会因为外包造成失业，反而能够促进就业的增加。Gorg 和 Hanley（2005）对 1990—1995 年爱尔兰电子产业数据进行了分析，证明国际服务外包对爱尔兰电子产业生产率存在正向的影响。国内学者刘庆林和廉凯（2006）以印度为例考察了承接服务业外包对一个国家产业结构的影响，发现在传统产业结构理论框架下，承接服务业外包对印度的产业结构升级产生了积极的推动作用。Manjula 等（2008）在组织和生命周期理论的基础上，探讨了 278 家创业企业的外包和企业绩效的关系。研究结果表明，创业企业的外包对企业绩效和资源配置结构起正向调节作用。2010 年，刘庆林等利用我国 35 个行业 1997—2006 年的面板数据进行了研究，发现中国参与生产分割（外包）有利于生产率的提高，不同行业、不同形式的外包对生产率的影响存在显著差异。

虽然国内外学者的研究一致表明，外包对就业率提升、生产率增加、行业发展等有显著的促进作用，但是之前的研究主要围绕工业生产和国际贸易领域，较少涉及农业生产环节。基于我国目前农民增收存在的难点、我国农民的具体特点和比较优势理论，笔者认为农业生产外包将对提高我国农民收入、保证粮食安全、促进农业发展起到重要作用。一方面，外包出去的生产服务多数是由掌握更先进技术和信息、劳动效率更高的承包者完成，而这些承包者必然更重视技术、技能和信息的优化，将引起生产效率的提高；另一方面，即使生产服务承接者并不具备绝对的生产优势，但是也会具备比较优势，因此将生产的某些（或者全部）环节进行外包，能让农民有选择性地从事具备比较优势的行业，提高自身收入。生产环节的外包，能在保证权利稳定的前提下让土地得到高效利用，避免了撂荒带来的资源浪费，能够有效地保证耕地数量从而促进粮食生产稳定。基于我国人多地少、人均资源匮乏的特点，规模经营将从环节开始，农业生产环节外包在中国的实践将为我国农业未来的发展指明道路。

综上所述，本研究将重心放到分析外包是否能带来生产率的提升和农民收入的提高，生产环节外包能否保证粮食安全，并详细分析其内在原理。接下来，笔者将分析为什么农户在不同环节的外包行为存在差异，外包需求意愿与供给决策行为的影响因素是什么等问题。同时，如何通过政府的资源配置平衡外包服务的需求与供给，最终制定出合理的复合供给机制以缓解供求关系的矛盾，也是本研究关心的问题。

1.2 研究目的、假说及内容

1.2.1 研究目的

农民收入问题是"三农"问题的核心，而利用外包的方式不仅能提高农业生产效率，而且在提高农民收入的同时，还能保证粮食安全，可谓一举多得。但是，笔者在实际调研中发现，农业生产的外包供求行为并不均衡，在不同的生产环节中，外包服务供求关系的总量矛盾和结构矛盾也存在差异，因此笔者在分析外包带来的各种收益的基础上，以农业生产的外包服务需求和供给机制为研究重点，将水稻生产环节细分，通过研究不同生产环节外包需求的内在机理，以及外包服务供给需求相互作用、相互影响的机制，比较最优外包供求平衡与实际平衡的差异，提出相应的政策建议以便政府能够采取相应措施以缓解农业生产环节外包供求矛盾，保证土地有效利用和农民利益最大化，最终实现农民收入的提高和粮食安全的保障。具体而言，本研究主要有以下三个目的：

（1）证明农业科技社会化服务的生产环节外包对于农业生产率、农民收益均存在显著的正向影响。将外包这一思想和管理模式应用到农业中，对粮食安全和农业长期发展能够起到积极作用。

（2）找出农业生产环节外包供给和需求特征，并深入挖掘其内在机制和要素替代（如技术要素、劳动力要素、信息要素等）的本质，为农业生产环节外包的实际应用夯实理论基础。

（3）基于我国农业发展现状，以及外包实际的内涵和农民行为特征制定出合理的外包供给机制，解决目前外包供求的总量矛盾和结构矛盾，为外包在农业中的推广提供实际支持。

1.2.2 研究假说

基于上述研究目的，笔者提出以下四个研究假说：

（1）水稻生产环节的农业科技社会化服务能够提高农民收入，提高水稻生产率，对农业长期发展具有促进作用。

根据比较优势理论，生产环节外包能够让农民有选择地从事机会成本更高的劳动，实现劳动力的有效分工，提高农民收入；从水稻生产角度来看，劳动分工带来的专业化，能够有效提高水稻各生产环节的平均效率，从而提高水稻生产率；生产环节外包带来的管理模式改进促进资源的优化配置与组合，将有利于我国农业的长期发展。

（2）农户的外包行为受到价格、信息以及外包环境等方面的影响大于农户自身素质和家庭基本情况的影响。

根据农户行为理论，农户的选择行为具有趋同性和模仿性，因此农户在选择外包时，外包环境对于农户的选择行为有较大影响。此外，能否有机会外出务工，也是影响农民是否外包的重要因素。

（3）不同供给主体提供外包服务的成本不同。

不同供给主体其供给动机、利益诉求存在较大差异，且其特点决定了供给模式和优劣势也表现得较为突出。因此，不同供给主体或模式在提供不同环节的外包服务时，机会成本和会计成本均不同。

（4）由于外包的环节不同，其实质存在差异，而外包的实质是供求矛盾的主要原因。

水稻生产从整地开始，经历育秧、插秧、肥水管理、病虫害防治等，再到收割环节，最后直至收获结束，不同的生产环节对于劳动力的需求存在很大差异。例如，整地和收获就是劳动力需求性环节，对劳动力需求量极大；而肥水管理、病虫害防治就是技术性需求环节，对劳动力需求量较小。目前水稻生产外包存在总量供不应求的总量矛盾和环节供给不均的结构矛盾，而矛盾产生的根本原因就是各生产环节的劳动实质不同，导致需求偏好和供给难度也存在差异。

1.2.3 研究内容

为验证上述假说，本研究将在全国八省调研和江苏省水稻生产跟踪调研的基础上，以水稻生产环节外包为例，对农业生产环节外包现状和外包效益进行研究，深入挖掘外包环节的内在含义及其供求机制，分析供求的矛盾和平衡机制。具体研究内容包括：

（1）农业科技社会化服务的现状研究　本研究首先对江苏、四川、湖南等我国水稻主产区进行调研，了解水稻生产环节外包的实际情况。以水稻为例，研究农业生产环节外包在我国的起源和发展现状，并分析其在我国出现的特殊性、必然性以及阶段性。

（2）外包效益研究　在现状研究和实地调查数据的基础上，本研究将借助比较优势理论、交易成本理论、规模经营理论等从理论层面论证农业生产环节外包的效益；之后借助江苏省三县四年跟踪调查所获面板数据，采用 C-D 生产函数和个体单因素固定效应模型、个体与时间双因素固定效应模型实证分析外包的农业生产率效应；最后借助相关理论模型分析农业生产环节外包对我国农民收入提高、农业未来发展的促进作用。

（3）生产环节外包需求研究　确定外包能够给农户、生产率以及农业发展等方面带来效益的基础上，围绕外包的需求机制，分析外包需求主体、内容、形式，利用 LOGISTIC 模型实证分析外包需求影响因素，为后面供求均衡研究打下基础。

（4）生产环节外包供给研究　围绕外包的供给机制，分析外包供给主体、内容及供给模式，分析比较不同供给主体和模式的差异，之后利用 TOBIT 模型对水稻生产服务的供给影响因素进行研究，寻找影响供给的各种要素，为政府政策制定提供现实依据。

（5）外包供求均衡研究　农业生产过程不同环节的特点各不相同，不同环节外包行为反映的实质也不同，不同农户在生产中的生产偏好和技术、劳动力约束也存在差异。因此，笔者在对我国水稻生产环节外包供求非均衡的研究基础上，探索水稻生产环节外包供求平衡的影响机制，提出相应政策建议，平衡外包服务的供求。

1.3 技术路线

本研究的技术路线见图1-1：

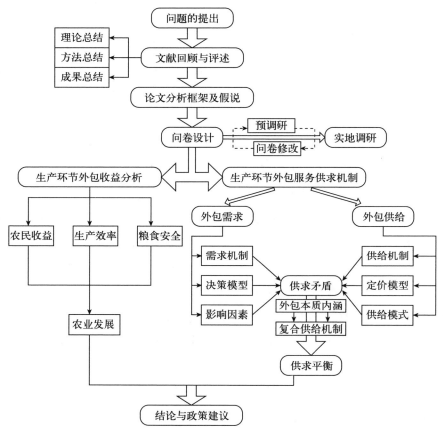

图1-1 技术路线

1.4 数据来源

本研究的数据主要来源于实地农户调研以及《中国统计年鉴》和《中国农业统计年鉴》。其中，农户调研数据主要来自以下三个方面：

（1）江苏省跟踪调研 课题组从2008年起，在江苏省地处苏北欠发

达地区的洪泽县、地处苏中地区经济较发达地区的靖江市、地处苏南经济
发达地区的金坛市三个县市各选择 150 名稻农进行了为期四年的跟踪调
研，调研内容涉及水稻种植、收获情况；务农、务工收入情况；农技员指
导情况；稻种、化肥、农药选用情况以及各项补贴金额等方面。

（2）中国水稻研究所对全国 8 省 24 县（市、区）展开的规模经营调
查　问卷调查地点包括辽宁省盘锦市大洼县、锦州市凌海市、沈阳市新民
市，江苏省淮安市洪泽县、南京市溧水县、泰州市靖江市，安徽省滁州市
全椒县、六安市寿县、宣城市郎溪县，浙江省衢州市江山市、温州市瑞安
市、绍兴市绍兴县，江西省九江市都昌县、上饶市铅山县、吉安市新干
县，湖南省长沙市长沙县、永州市东安县、岳阳市汨罗市，湖北省武汉市
江夏区、黄冈市武穴市、孝感市孝昌县，四川省眉山市东坡区、德阳市中
江县、成都市邛崃市。共计收回有效问卷 2 381 份。

（3）课题组对江苏省、安徽省及江西省开展的水稻规模经营专项调
研　内容主要涵盖土地规模经营意愿、环节规模经营意愿、环节规模经营
能力等方面，共计获得有效问卷 972 份。

1.5　可能的创新与不足

1.5.1　可能的创新

目前对于外包的研究主要集中于服务业，而本研究最大的创新就在于
将外包概念引入农业生产，并依据农业生产劳动环节性差异的特点将水稻
生产的周期划分为若干环节，定义了水稻生产环节外包的概念，使之符合
外包内涵。同时，在考虑产业特征和产业间差异的基础上，笔者将原本主
要用于工业生产和服务业以及贸易研究的外包模型和分析思路进行了改进
和拓展，使研究方法更适用于研究农业生产的框架，更符合农业生产的特
殊性。

此外，在水稻生产环节外包效益的研究视角方面，本研究在前人研究
的基础上，较全面地涵盖了水稻生产环节外包各方面的效益，包括微观农
民收入、宏观生产率、长期农业发展等方面，力求全面。除了定量分析

外，在理论分析时也对各收入效应、生产率效应、产业发展效应进行了进一步的挖掘和细分，综合考虑各因素带来的不同效应，使研究结论更为合理和可靠。

1.5.2　研究的不足

一是在对水稻生产环节的供给和需求进行研究时，主要利用微观数据进行分析，没有从宏观背景角度探讨水稻生产环节的总需求与总供给，这也是下一步研究需要完善和拓展的方向。

二是水稻生产环节外包的效益实际包括农民的收入提高、水稻生产率提高、粮食安全的保障以及有利于农业长期发展四个方面。在笔者的调研中也发现，水稻生产环节外包能够减少抛秧比率，从而提升水稻抗倒伏和抗自然灾害等方面的能力，进一步巩固和稳定粮食生产潜力。但是，由于笔者精力限制和相关专业知识的欠缺，虽然考虑到了生产环节外包对于巩固粮食安全带来的效益，最终没有进行估算和统计。

三是本研究所使用数据主要为课题组实地调查数据，以截面数据、微观数据为主，缺乏长期的连续数据，因而对于水稻生产环节外包发展、供求关系演进、供求平衡波动方面的研究有所欠缺。

2　文献综述与理论依据

2.1　文献综述

简单意义上来说，外包应该属于企业边界或者是企业管理战略的微观决策行为，然而微观行为的普遍化则从宏观层面体现了整体的生产结构和生产方式的改变，体现了现代社会化分工的特点。要将外包这一现代理念和管理模式应用到农业生产中，必须先了解几个问题：什么是外包？外包产生的动因是什么？外包行为的理论依据是什么？外包能够带来何种益处？外包行为如何决策？在开展研究之前，必须首先对外包的内涵、发展决策等方面进行分析，厘清这些概念及其相互间的关系。

2.1.1　外包的内涵

要将外包这一管理模式应用到农业，最先要弄清的是外包的定义与本质。曹航（2007）认为外包思想并不是最近几十年才出现的，早在1776年，"经济学之父"亚当·斯密就已经指出劳动分工可以促进专业技术的发展，而这一劳动分工思想就是最早的外包思想。Monteverde 等在1982年首次区分了内、外部组织对企业的作用：若企业资产对某一产品具有专有性，则专用性和不确定性高的活动应该在企业内部组织中解决，反之则应外包出去由外部组织来解决（Monteverde and Teece，1982）。目前学术界普遍认可的外包定义则是由 Gary 和 Prahaoad 在1990年提出的。他们认为外包是指某个组织为了整合和利用外部优势资源，将传统上由组织内部经营和生产的部分非核心、非优势、低效率的业务以契约的形式委托给独立的外部组织（企业）去完成，而组织（企业）自身仅开展具有较大优势、较高效率且具备核心竞争力的业务，从而达到降低成本、提高效率、集中培养自身核心竞争力以及增强组织对外部环境的快速应变能力的一种管理模式。之后，不少国内外学者对外包类似概念所描述的企业行为和国际分工现象陆续提出了很多新的说法和概念，如生产分割（Fragmentation of Production）、产品内分工（Intra‐product Specialization）（Davis，1995）、价值链的切片化（Krugman，1996）、生产的非一体化（Feenstra，1998）、垂直专业化（Vertical Specialization）（Hummels et al.，2001）、生产过程的零散化（Fragmentation production）（Arndt and Kierzowski，2001）等，但是上述提法都没有外包这一说法更有影响力。继Gary之后，陆续又有不少学者在其基础上，对外包的概念进行了界定和引申。Besanko 等（1996）认为外包是很多传统的内部功能通过合约的方式由外部承包商来完成。组织不仅需要通过内部协调，而且要企业维持长期关系的供应商和销售商等积极地进行外部组织和协调。Corbett（2004a，2004b）则把外包定义为大型企业或其他的组织机构把原本自身从事或者期望自身从事的一些生产环节交给外部供应商来完成，或者说外包指某厂商雇用外部机构或者组织来从事自己不能做或者选择不做的工作。埃森哲（Accenture）则将外包定义为通过购买第三方提供的服务或产品来完成原来由企业内部完成的工作。Monczka（2005）认为，外包就是将之前由企业内部提供的生产或服务功能转向由外部供应者提供或向其购买。除了国外学者，以卢锋为代表的国内学者近年也对外包的定义做出了研究。卢峰（2007）从经济学产品内分工的视角考察了当代服务外包概念定义、经验表现、特征属性和发生机制，认为外包是"投入环节活动"的外部转移。

由此可见，虽然学术界对外包的提法各有不同，对其具体涵义的理解也有所差异，但是都揭露了外包"把某一资源交由独立的第三方完成，以实现组织自身高效发展"的本质。笔者认为水稻生产的环节外包是指在水稻生产过程中，具有土地经营权的农户自身并不直接参与整地、育秧、插秧、肥料管理、灌溉管理、病虫害防治、收割等七个生产环节中某个环节或某些环节的劳动，而选择雇用因具有技术、劳动效率等方面优势而生产效率更高（或机会成本更低）的家庭外劳动力（包括邻居、合作社、农技站）代替自己进行该环节的生产劳动。这一定义不仅满足了亚当·斯密"劳动分工"的基本思想，也满足外包之父 Gary 和 Prahaoad"整合外部资源、委托低效率的业务以提高组织效率"的定义。因此，"农业生产环节外包"符合外包的基本定义，也是一种保留其核心资源、优化生产环节、降低成本、获得更高生产效率的管理模式。

2.1.2 外包的产生

从前面的综述可以看出，农业生产环节外包满足外包的普遍定义。但是，要将外包这一管理模式从获得巨大成功的第二、三产业推广应用到第一产业，还必须研究农业生产环节外包是否符合外包行为的产生条件和内在动因。通过对前人研究的总结，外包产生的内在动因和主要条件包括以下几个方面：

（1）效益驱动 据麦肯锡环球研究所估计，跨国公司每向海外转移 1 美元业务，就能降低净成本 58 美分，同质同量的服务外包可以平均降低 30%～40%的成本。国内外学者认为，外包产生最重要的条件就是外包能促进组织自身成本的降低和利润的提高。李志强、李子慧（2004）认为，出于降低成本考虑是引发跨国公司进行国际服务外包的内在核心动因。跨国公司通过服务外包来寻求最低成本，追逐最大利润。陈菲（2005）进一步认为，企业发展服务外包的内部动因主要是企业对自己绩效的关注，从而希望通过服务外包来降低成本、把力量集中在核心竞争力上。之后黄建锋、崔荣燕（2007）提出的对利润最大化的追求和资源的"归核化"是企业开展服务外包的直接原因。

（2）技术进步 对于任何企业或者组织而言，技术的掌握和控制对于组织的发展至关重要，而不同组织对于技术掌握的程度和科学研究的深度各有不同，势必会在组织之间产生比较优势，而这个技术差异造成的比较优势就是外包的最重要动因。因此，当企业组织适应不了当前技术和社会发展而需要变革时，就会出现外包（Charles et al.，2000）。Christina

Costa（2001）对服务外包微观原因进行的研究表明，服务外包是企业出于促进技术进步和增强自身核心竞争力的考虑。国外学者 John（2002）以研发外包为例进行了研究，指出当组织在缺乏某方面专业知识、人才经验或者时间不足、需要获取外部技术支持时，将会产生资源外包需求。林菡密（2004），陈鼎东（2006），徐姝（2006），黄建锋、崔荣燕（2007）的研究也得出了与 John 类似的观点，认为科技的进步和环境政策的宽松是服务外包发展的间接动因。

（3）生产环节可分性　卢峰（2007）的研究表明，服务外包是专业分工精细化使众多服务活动从企业生产链条中分化出来的结果。而要把特定产品或者服务的生产过程从组织的生产链条中分化出来，则必须这一生产过程在技术上有可能被分解，甚至能将不同的环节分布到不同空间区位进行。当其他条件不变时，不同生产环节的可分离性越大，外包的潜在可能性和实现强度越大。由此，李玉红（2007）认为，不同生产环节的可分离性主要由产品的生产技术属性决定。从工业革命开始到今天的两百多年间，全球分工体系已从产业间分工经由产业内分工发展到产品内分工。产品内分工就是产品价值链上的不同生产环节被拆散分布到不同企业，从而形成以生产环节为对象的分工体系。不同国家、不同地区乃至不同企业要素禀赋与竞争能力存在差异，因此，某一特定的国家、地区或企业会在产品价值链中某一特定的生产环节上具有比较优势，这种比较优势会导致各国之间按价值链的不同环节进行分工。每一个企业可以根据自己的核心能力和优势资源，从事价值链上的某一环节或某一工序，从而出现生产分散化的现象。

综上所述，不管是从效益动因还是技术发展，抑或生产环节可分性来看，我国农业生产环节外包都能满足外包的产生条件。以技术发展为例，随着我国农业科研投资逐年增加，我国农业生产技术飞速发展。而与农业科研成果快速发展不适应的是，由于农民受教育程度等原因造成了我国科技转化率并不高。这就为生产环节外包，特别是技术密集型环节外包提供了前提。此外，农业生产环节的可分性也满足了外包推广到农业生产中的动因。

2.1.3 外包的效益

通过以上综述可以发现，效益是推动组织外包最重要的因素。学者们对于外包的收益的研究并没有局限于理论层次，从 20 世纪 90 年代开始，国内外学者就开始对外包带来的效益进行量化估算。

Arndt（2001）认为企业通过采用外包方式享受到的廉价劳动力，首先能够降低产品的生产成本，而低成本带来的产品竞争力提升又促进了国内生产的扩大，因此外包表面上业务流出所导致的就业损失其实很可能被本部门新创造的就业所弥补，反而能够削弱就业和收入的差异化影响。Mann 在其研究中发现硬件的国际外包在使得硬件的价格下降了 10%～30% 的同时，还提高了所有运用硬件的部门的生产率，如果软件能采取和硬件类似的国际服务外包形式，将获得与硬件同样的整体经济获益。Amity 和 Wei（2004）利用生产函数和劳动需求构建外包对就业的影响模型并得出结论，尽管实物外包在 1992—2000 年间对生产的正向影响较小，但是服务外包对生产却有显著的正向影响。

学者们还对具体国家和地区的情况进行了研究。Girma 和 Gorg（2003）对英国在服务外包就业效应方面的研究主要来自管理咨询公司，同时他们研究发现 1980—1992 年间服务外包对英国劳动生产率和全要素生产率具有正面影响。Bardhan 等分别在 2006 年和 2007 年探讨了美国制造型企业的产品生产流程外包和企业运作绩效的关系并得出结论：以质量为核心的企业外包强度越大，企业的运作效率、客户满意度和利润率越高；业务流程外包对企业毛利润有正向促进作用。Ito 等（2008）通过分析问卷调查数据得出结论，对日本而言，中间品的生产、最后装配的环节以及研究开发和信息服务等服务环节的外包，对生产有积极的正向影响，而其他服务环节的外包没有显著的影响。

除外包与就业机会、生产效率的研究以外，学者们还发现在外包过程中的学习和模仿，能够获得较大的技术外溢作用。Coe、Helpman 和 Hoffmaister（1997）利用 22 个发达国家和 77 个发展中国家 1971—1996 年的数据为样本进行研究，发现发展中国家通过引进各种中间产品和包含技术知识的资本设备确实可以提高自身的生产力。Keller 在 1998 年的研究中展示了进口新的中间投入品引起技术扩散和生产力提高的证据；同时证明中间投入品是通过高额研发投资发明的，贸易伙伴进口中间投入品可以分享在发达国家发明的技术。Blyde（2004）的研究表明，发展中国家通过进口一些含有国外先进技术的产品，经过学习和模仿来生产这种产品并将其出口到其他国家，发展中国家也会获得技术溢出。

2.1.4 外包的决策

在运用外包过程中，外包决策通常是企业面临的最重要也是最困难的问题。如果决策失误，不仅会造成企业资金的损失，还可能会导致企业竞争优势的丧失。因此，国内外学者对外包的决策问题也进行了深入的研究。

许多学者认为核心能力是组织或者企业在外包决策上最重要的参考依据。Colli（1991）认为核心能力是指那些确定公司战略定位最为基础的资源。Reve（1990）分析了核心业务和补充性业务，认为只需要将最特殊的技术即核心业务保留在企业内部，剩余补充性业务则可通过外包的形式来处理。Jon、Mark 和 Bill 提出基于对企业潜在弱项的分析：如果企业能够较好经营弱项，并能对该弱项进行有效的控制，就可以考虑将该项目进行外包；但是如果某种弱项涉及企业能力的核心部分，则企业不应将此项目外包出去。

学者也将外包决策的选择视为各种成本间的比较。Vinining 和 Globerman（1999）认为，企业生产活动在是否外包的选择中存在三种成本：生产成本、机会成本和谈判成本。外包的选择依据就是"这三种成本之和最小"。Quinn 和 Hilmer 于 1994 年提出了外包/自制矩阵模型，整个决策过程需要把交易费用和战略性风险综合考虑，以灵活控制外包程度。Roy 和 Aubert 基于资源的理论提出了企业外包项目的决策模型，他们认为伙伴关系是一种特殊的外包形式。该模型只是考虑了资源的价值与存量。

借鉴前人的决策分析可以得出结论，对于农业生产而言，农户的生产环节均不存在差异，且都是"非核心"环节，因此所有环节均可以产生外包。而农业生产环节外包是否是成本效率更高的生产和管理方式，将在本研究中进行深入探讨。

从以上对前人研究成果的归纳可以发现，国内外对于外包的研究有两个特点：一是国外学者对于外包的研究起步较早，无论在理论深度还是方法创新上都远胜于国内学者，而国内学者研究基于国外完善的理论和研究方法，注重外包在各产业、企业中的具体应用，特别是 WTO 背景下的外包；二是对于外包的研究主要围绕工业展开，特别是 IT 企业和物流行业在外包服务中的应用，同时研究视野主要基于国际视野，以国际外包贸易为主，而对于农业生产中的外包研究几乎没有。

基于前人研究的特点，本研究就将外包的相关理论推广应用到农业生产中，围绕农业生产中各环节，研究农业生产外包的具体形式，分析外包所能带来的效益，并对外包服务的需求、供给以及供求均衡的内在机制进行探讨，以便能达到外包的最佳状态，优化农业资源配置。

2.2　理论依据

2.2.1　外包决策理论：交易成本理论

科斯在 1937 年发表的经典论文《企业的性质》中分析企业的起源和规模时，首次提出了交易费用的概念。他指出，企业的本质特征是对价格机制的取代，交易费用是运用市场价格机制的成本，它包括两个主要内容：第一，发现贴现价格，获得精确的市场信息的成本；第二，在市场交易中，交易人之间谈判、讨价还价和履行合同的成本。

从交易成本的角度，管理者可以通过企业合并和纵向一体化来减少市场交易费用，但企业规模的扩大，"组织失灵"带来了内部交易费用膨胀的挑战。正是在这种情况下，外包成了企业一种新的制度安排的选择。一方面通过外包使企业精简，进而减少内部交易费用；另一方面外包减少搜寻交易对象信息的费用。因此，交易费用和交易特性越来越成为外包决策的重要依据。

2.2.2 外包收益理论：比较优势理论

比较优势理论是大卫·李嘉图在其代表作《政治经济学及赋税原理》中最先提出的，最早也称为比较成本贸易理论。比较优势理论是假设贸易中只有 A 和 B 两个国家，且这两个国家都只生产两种无差别的商品 X 和商品 Y。其中，A 国在两种商品生产上较之 B 国均处于绝对劣势，但 B 国在两种商品生产上劣势的程度不同。若 B 国生产 X 商品的相对劣势较少，则称 B 国在生产 X 商品方面具有比较优势，A 国则在生产 Y 商品方面具有比较优势。两个国家分工专业化生产和出口其具有比较优势的商品，则两国都能从贸易中得到利益。

将比较优势理论引申到外包方面，可以假设市场上只有 A、B 两家不同的生产单位，由于天赋、技能、资源禀赋等方面的差异，在同一生产中不同环节的生产效率存在较大差异。对于 A 而言，在 A 的整个生产中，如果选择从事自己相对效率较高的环节，而将相对效率较低的环节外包给 B 来做，可获得更高的平均生产效率，获得更多的收益。

2.2.3 外包动因理论：资源禀赋诱导技术变革理论

20 世纪 70 年代，著名农业发展经济学家速水佑次郎和弗农·拉坦，曾提出了一个新的农业发展理论——资源禀赋诱导技术变革理论。该理论认为一国农业增长选择怎样的技术进步道路，取决于该国的资源禀赋状况，土地资源丰富而劳动力稀缺的国家，选择机械技术进步的道路是最有效率的，比如美国；相反，土地资源稀缺而劳动力丰富的国家，选择生物化学技术进步的道路是最佳的，比如日本。与新古典经济学和传统的发展经济学不同，速水佑次郎和弗农·拉坦把农业技术的变革过程看作是农业发展经济制度的内生变量，而不是独立于其他发展过程的外生变量。也就是说，农业技术的变化不是随着人类科学知识的发展和技术进步自发进步的产物，而是人们对资源禀赋变化和需求增长的一种动态反应，即人们追求效益最大化的理性选择所致。因此，被称为诱导的技术变革理论。

3 我国农业生产环节外包出现动因及现状

目前农业生产环节外包这一概念在我国还并没有兴起，但是农业生产环节外包这一实质性的行为早已在我国农业生产中出现了。从最早大规模收割机的统一收割，到如今病虫害的统防统治，其实质都是将生产过程中的某些环节外包给第三方，以提高整个生产环节的平均生产效率。本部分基于农业生产环节外包的基本概念和相关理论，着重探讨农业生产环节外包的起源、发展、发生的动因及其表现特征。本部分主要利用经验将各环节大致分为劳动密集型和技术密集型等类别，第五部分将利用实证方法对生产环节进行归类分析。

3.1 农业生产环节外包的起源与发展

农业生产环节外包是一个农民自发的行为，从北方的农户雇用大型联合收割机为自己收割开始，农业生产环节外包就已经开始进入农业生产过程中。笔者根据外包行为的特征和需求侧重点不同，将外包的发展划分为劳动力替代为主的萌芽阶段、出现部分轻简技术替代的发展阶段、复杂技术替代需求激增的深化阶段，并预测随着农业生产环节外包的发展，将最终走向完成阶段——以经营权流转为特征全环节替代阶段。

3.1.1 生产环节外包出现的准备阶段（1949—1978 年）

从新中国成立初期开始，我国就确立了集体生产体制，以乡（人民公社）和村（生产大队）为基本单位，大力发展农业现代化、机械化，形成了国家、省、地、县、乡五级农业管理体系，建立了不同层次的管理、推广、科研、生产、鉴定、教育等机构，促进了农业的发展。该时期单一的集体所有制和统一经营的方式几乎不存在任何劳动分工，加上农民对于生产没有积极性，不会主动寻求新技术和生产效率的提高。因此，在这个时期没有出现任何形式的外包。

自改革开放以来，我国农村普遍实行了家庭承包经营，原有的生产集体或组织逐步瓦解，农民取得了生产经营自主权后生产积极性空前高涨，农业和农业生产率都得到了快速发展，并由此带来了农民生活水平的显著提高。由于原来的集体制逐步瓦解，集体所有的农业机械也不断报废和淘汰，一些适合农民一家一户购买和经营的小型农业机械逐步研制开发并很快得到推广应用。由于这个时期农民恢复一家一户小农生产，经营规模小而劳动力充足，且当时的生产技能来源依然以经验积累为主，技术创新较少，因此这个阶段也几乎不存在任何形式的外包。但是该时期小农经济恢复带来的耕地细碎化和面积制约为后来的农业生产环节外包奠定了基础。因此，笔者认为从新中国成立初期到 1978 年改革开放都属于外包出现的准备阶段。

3.1.2 生产环节外包的萌芽阶段（1979—1995 年）

改革开放到 1995 年这段时间是生产环节外包逐渐出现和兴起的萌芽阶段。随着改革开放的进一步加深，我国经济获得了飞速发展，国民总收入每年以超过 10% 的速度高速增长，有的年份涨幅甚至超过 20%。在初步解决温饱之后，增加收入成为农民的迫切愿望，但是由于农业生产的弱质性和人均耕地面积的约束，农民收入增长长期偏低，《中国统计年鉴2010》的数据表明，1995 年农村居民家庭人均年纯收入仅为 1 577.74 元，而同时期城镇居民家庭人均可支配收入为 4 283.00 元，接近农村收入水平的 3 倍。巨大的城乡收入差距和沿海地区带来的就业机会极大地吸引了农村的劳动力，并引发了外出务工热潮。一方面是外出高收入的诱惑导致农村劳动力倾巢而出，另一方面是农业生产周期性的劳动力需求带来的劳动压力，打工者开始放弃"农忙回家务农，农闲外出务工"的"候鸟式"外出务工模式，进而选择通过雇用拥有大型机械的个人或者组织帮助自己收割，以使自己长时间在外工作挣取更多的工资性收入。这一简单原始的统一收割行为完成了农民工的劳动力替代，是收割环节外包的雏形。在市场这一无形的手的调控下，农民工能够从事机会成本更低的工作，从而提高自身收益，符合市场经济规律，也符合经济学中比较优势理论。

3.1.3 生产环节外包的快速发展阶段（1996—2005 年）

从 1996 年开始，我国实行了全国联合收割机跨区作业［联合收割机跨区作业（以下简称跨区作业），是指驾驶操作各类联合收割机跨越县级以上行政区域（邻县除外）进行小麦、水稻、玉米等农作物收获作业的活动］，使收割环节外包程度迅速加深。1996 年，农业部会同公安部、交通部、国家经济贸易委员会、机械部等六部委共同成立了全国跨区机收小麦工作领导小组，同时制定了相应的政策措施，例如通过对参加跨区作业的联合收割机发放"联合收割机跨区作业证"等，将联合收割机跨区作业纳入统一管理。对持作业证的联合收割机，政府优先安排其作业任务并及时提供信息服务，同时在交通方面为其提供通行便利——免收过路过桥费和优先保质保量供应作业用油，此外交通部门还在各地设立农机跨区作业服务站为农机驾驶员提供便利服务等。而在之前，收割环节的外包是农民自发的行为，不仅承接收割任务的组织和农机少、规模小，往往也只在省内作业。通过政府的行政推动，很大程度上加深了农业生产的外包程度特别是收割环节的外包程度（图 3-1）。以 1999 年为例，当年跨区机收小麦面积占全国小麦总收割面积的 66.6%，说明有超过 66% 的小麦生产完成了收割环节的外包。

值得一提的是，在这一阶段外包行为已经不是简单的劳动力替代，而包含了更多信息在内。当农户只能从小范围获取外包信息的时候，政府主动承担了信息的供给。农业部先后召开了全国"三夏"跨区机收小麦现场会、小麦跨区机收供需协调会，发布全国小麦跨区机收作业市场信息，组织供需双方签订合同，并由县、乡农机部门直接组队外出作业，促进了联合收割机的有序流动，参加跨区作业的联合收割机迅速增加，农机跨区作业工作的覆盖面扩展到全国，不仅小麦产区参与跨区联合收割，北方的玉米和南方的水稻也参与到跨区收割中来。由此，农业生产环节外包的内涵也由单一的劳动力外包变得丰富起来。同时期，外包的承接部门——各类农民专业合作组织与联合组织也活跃起来，据农业部 1990 年统计，全国各类农民专业合作组织与联合组织有 123.1 万个，其中生产经营型 74 万个，占 60.1％；服务型 41.4 万个，占 33.6％；专业技术协会 7.7 万个，占 6.3％。

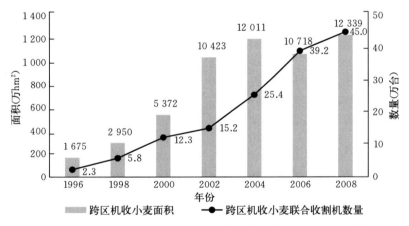

图 3-1　历年小麦跨区机收面积及参加跨区作业小麦收割机数

3.1.4　生产环节外包的深化阶段（2005 年至今）

随着我国农产品购销体系的改革，市场机制被逐步引入农村经济，广大农民群众开始独立面对市场竞争和市场波动，并根据市场需求自主安排生产经营活动，如何增产、如何增收是农民关心的头等大事。农民对于优良作物品种、高效节能技术的需求日益增强，迫切需要寻求新技术、新成果提高农产品产量和质量。面对这一困境，越来越多的农民选择将技术含量较高的环节如病虫害防治、化肥施用选择等工作外包给懂得相应技术的示范户或者农技组织，而我国基层农技推广体系也相应承担起了测土配方、病虫害预警等技术服务。由于农业技术存在的显著正外部性和外溢性，高技术含量环节的外包极大促进了科技使用和转化，提高了农业生产率。因此，这个阶段我国农业发展最显著的特征就是外包环节也从着重于劳动力需求量大的环节向科学技术含量高的环节转移，由生产附加值低的环节向附加值高的环节转移。

3.1.5 我国农业生产环节外包未来发展

总结几十年来我国农业生产环节外包发展趋势以及我国农业特点，笔者认为未来我国农业生产环节外包程度将继续深化，最终将在专业化生产的基础上实现全环节外包。分析农业生产环节外包的实质可以发现，外包是基于社会化分工和专业化的"规模经营"。从宏观来看，虽然土地的三权（所有权、承包权、经营权）没有发生改变，但是随着外出务工农民数量的增加，越来越少的农业人口耕种着总面积没有减少的耕地，这就是宏观上基于社会化分工产生的规模经营。从微观来看，某一生产环节具备生产优势的农户（例如拥有大型收割机的农户在收割环节就具备优势）利用其优势（也许是比较优势而不是绝对优势）从事某一环节的劳动量增加，对于该农户而言，这就是基于微观的专业化产生的规模经营。笔者认为，随着户籍制度的消失、农民工各种社会保险的覆盖、农村新一代对于种地的认同感下降，在不久的将来甚至有可能出现整个经营权的外包，由此真正实现全方位的规模经营。因此可以说，我国农业规模经营将从环节开始。

3.2 农业生产环节外包的动因

任何事物的出现与发展都存在一定的原因。同样，农业生产环节外包从出现到发展至今，也离不开经济因素、农户个体因素、制度因素等各种因素的共同作用。本部分根据农户外包行为的决策原因将农户外包的动因分类，主要集中分析农业生产环节外包在我国出现和发展的各主要推动因素。

3.2.1 劳动力周期性不足是生产环节外包的最初原因

早在两千多年前,《孟子·梁惠王上》就提出"不违农时,谷不可胜食也"的说法,指出农业生产存在明显的周期性和季节性,只有"因时制宜、不违农时"才能保证农业产出的高效率。农业生产的周期性和季节性是指由于植物本身的生长发育规律和自然季节的变化,农业生产规律呈周期性和季节性的变化,因此必须根据季节和周期的特点来安排农业生产活动。以水稻生产为例,水稻的生长周期可以分为育秧期、插秧期、返青期、分蘖期、长穗期、抽穗期、乳熟期、黄熟期、成熟期等多个时期,而各个时期的劳动内容和对农业劳动量的需求存在很大不同。其中,育秧期与插秧期主要依赖人力劳动,同时要求必须在十几天内完成"抢播",因此属于劳动力需求极大的阶段;而分蘖期、长穗期等属于"水肥管理"期,对于劳动力需求较少,仅需要一些简单的田间管理和施肥打药工作;成熟期由于要完成收割工作,劳动力需求量也较大,属于农忙时节。

而随着作物产量越来越高和精耕细作对于技术的要求越来越严格,在播种季节和收获季节的"抢播"和"抢收"就成了农业生产周期性的最佳表现。抢播和抢收要求在很短的时间内完成大量的播种、收割任务以保证粮食产量。特别是对收获环节而言,一旦没有在成熟期之后的短时间内完成收割,将会导致成熟作物出现脱落、发芽、生霉等情况,影响作物的品质和造成减产。而目前我国一家一户的小农经营模式往往没有大型机械,只能依靠人力收割,效率较低,很难在适宜的时间内提供充足的劳动力完成相应的农业劳动。在这一背景下,农户选择将收割环节外包,聘请拥有大型联合收割机械的农户或农业合作组织,利用不同地区作物成熟时间的差异进行跨区统一收割,不仅提高了联合收割机的利用率,减少粮食损失,还在促进农民增收方面发挥了重要作用,已成为有中国特色的农机服务社会化、市场化的模式。因此,缓解劳动力周期性不足,是农业生产环节外包的最初动因,也是劳动力高强度环节外包最主要的原因。

3.2.2 务工的高收入与低保障矛盾是生产环节外包的主要动因

改革开放初期，国民收入的分配格局向城镇居民倾斜，同时，工农产品价格"剪刀差"趋于扩张，不等价交换所造成的农业部门净流出资金总量出现不断增加的趋势。从图3-2中可以看出，无论是从收入的人均增长总量还是从人均增长速度来看，城镇居民收入增长都远远超过了农村居民的收入增长。

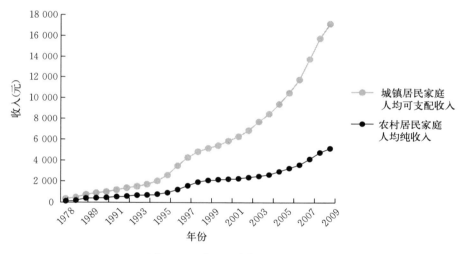

图3-2　城乡人均年纯收入变化

数据来源：《中国统计年鉴2010》。

除城乡相对收入差距扩大外，农资价格的上扬和通货膨胀对农民绝对收入的提高也造成了负面影响。根据笔者跟踪调研数据显示，农资价格攀升已成为制约农民增收的重要原因。而通货膨胀对农村居民的负面影响更为明显。首先，通货膨胀对农民的收入和消费存在着双重影响：一方面导致农业生产资料价格飙升，增加农民种植和生产成本；另一方面导致农村居民消费品价格上涨，增加了农民在生活消费方面的支出。外加城镇居民可以通过要求政府和单位以发放钱物的形式增加补贴，并有更多的机会选择工资外收入来源，所以城镇居民对实际收入的补偿能力要明显高于农村居民。因此可以说，通货膨胀对农民利益的侵蚀比城镇居民更大。面对收入差异和通货膨胀，"一亩*三分**地"带来的微薄收入和进城打工的高工资差距诱惑越来越多的农民选择进城务工。

进城务工成了农民增收的最佳选择，但是其他问题随之而来：由于农民工工作的不稳定性和他们在城市中的养老保险、医疗保险等社会保障的缺失，农民工只能依赖其在农村拥有的土地起到实际的保障作用。因此，农民宁愿选择将土地抛荒保留，作为失业以后的保障和养老的保险，也不愿意将其经营权流转到其他人手中，这就带来了资源的闲置和粮食安全隐患。

基于上述矛盾，农民在进城务工的同时，将劳动力需求量大和在生产中最关键的环节外包给没有进城务工、又有闲暇的其他农民，雇用他们专门从事某一环节生产，既能在城里安心从事劳动报酬更高的非农工作，又能保证土地的有效利用，避免撂荒带来的资源浪费。可以说，非农工作高收入的经济因素推动与城市社会保障缺失的制度因素约束之间的矛盾，是外包产生的最重要动因。

3.2.3 对闲暇的追求是生产环节外包的特殊动因

随着我国城市化进程的加速，我国农村人口占全国人口的比重在20世纪70年代之后一直呈下降趋势，而从1996年开始，我国农村的绝对人口更是逐年下降，据《中国统计年鉴2010》中的数据显示，我国农业人口已从1995年的约8.6亿下降至2009年的7.1亿，占总人口的比重也由改革开放前的80%下降为不足54%。具体人口结构与总量变化见图3-3。

虽然我国农村总人口的数量不断减少，但是其年龄结构变化却与总人口变化程度存在差异。由于年轻人通过上大学、外出务工等机会离开农村从事非农业劳动，农村里剩余的人口以老年人为主，农村人口结构老龄化现象严重，劳动能力较低的"九九部队"从事着繁重的农业劳动。

由于在城市工作的收入远远高于农村务农收入，经济条件越发宽裕的

---

　*　亩为非法定计量单位。1亩＝1/15 hm²。

　**　分为非法定计量单位。1分＝1/150 hm²。

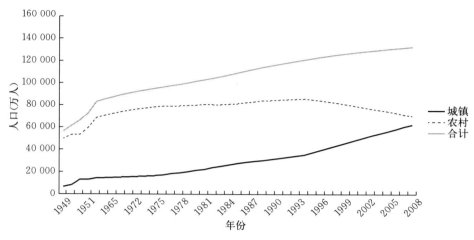

图 3-3 新中国成立以来我国城乡人口总量与结构变化

数据来源:《中国统计年鉴 2010》。

年轻一代将父母的闲暇与保养看得尤为重要。凡是具有一定经济条件的年轻人,均不愿意让父母从事繁重的农业劳动,而提供资金让父母将农业生产的各个环节外包给其他劳动者,以减轻父母的劳动量。因此,降低农业劳动强度、追求更多的闲暇,也是农业生产环节外包的主要因素,且是农业各生产环节都存在外包的主要因素。

3.2.4 技术需求与自身文化的矛盾是生产环节外包的又一动因

若根据速水、拉坦的理论,中国的实际情况与日本类似,则中国农业发展应更倾向于育种、病虫害防治等方面的生物化学科学技术进步。实际上以袁隆平超级稻品种、转基因 BT 抗虫棉品种为代表的生物技术和大量化肥农药为代表的化学技术的进步也的确成为中国长期以来农业发展的主要推动力。但是随着生物技术、化学技术对生产率做出巨大贡献的同时,其对于种植技术的要求也日益提高。面对新品种、新农药、新技术,我国相对文化程度偏低的农民依然只能根据经验进行农业生产和田间管理,一方面经验的依赖造成了新技术转化受限和技术浪费,另一方面甚至会出现类似海南"毒豇豆"等由于未掌握新技术、不了解新品种、不会用新农药化肥造成的食品安全问题。

由于技术需求增长和文化水平偏低矛盾的长期存在，加上我国农业技术推广体系的不成熟，农民在生产中面对的技术难题很难解决，因此部分农户选择将技术含量高的环节外包给掌握新技术的示范户、农民组织，或者请基层农技站进行病虫害的统防统治等。而农民专业合作经济组织进入市场，通过向其成员提供农资、技术和信息等服务，就相当于承接了某些生产环节的技术服务，为小农户提供了技术与信息支撑。因此，技术需求与自身文化水平的矛盾是生产环节外包出现的又一动因，也是农业生产环节外包承接组织出现最重要的动因。

3.3 农业生产环节外包在我国的特征

3.3.1 农业生产环节外包在我国出现的必然性

农业生产环节外包作为一种特殊的管理模式和经营思路，虽然是农民间自发形成的，但其出现不是偶然而是必然的。

农地的耕作收益虽然能解决农户的温饱问题，却很难满足农民致富的需求。随着市场经济的深入发展，我国农村从事非农就业的劳动力数量呈持续增长态势，非农就业率不断攀升。从图3-4中可以看出，第一产业就业人口在1990年出现大幅增长之后一直处于平稳下降趋势，而第二产业和第三产业就业比重则稳步上升，特别是第三产业就业率上升较快。从1992年开始，第二产业和第三产业的就业人数占总就业的比重年均增长速度分别超过0.35％和0.8％，2009年第三产业就业人数已达2.38亿，占总就业人口的34.1％。第一产业就业人口的下降势必带来农业劳动力的不足，加上我国农业机械化水平有了很大提高，机械在收割、整地环节逐步代替了机会成本越来越高的人工劳动力和畜力，所以对于一家一户小规模经营、没有大型耕作机械的农户来说，将生产的某些环节（如收割、整地等环节）外包给拥有大型机械的其他农户或者农业合作组织是必然趋势。

虽然改革开放以来我国的工业化和城市化发展吸收了大量农村劳动力，大量农村劳动力实现了向非农产业的转移，但是并不完善的社会保障

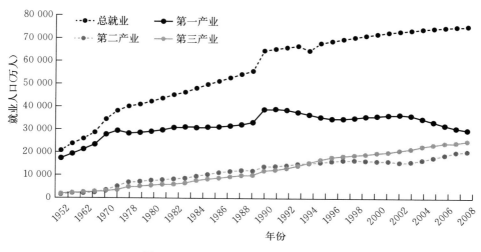

图 3-4　1952 年来我国三产就业结构

制度让农民在进城务工的同时，基本的医疗、养老并没有得到相应的保障，进城务工的农民在土地流转问题上越来越谨慎，不愿意将能够给自己带来相应社会保障的土地流转。在这一背景下，生产环节外包作为缓解进城务工、耕地闲置、社会保障缺失三者矛盾的最佳方式，其出现存在必然性。

可以说，农业现代化的发展趋势与我国农民一家一户生产的小农经营的矛盾，进城务工高收入与低社会保障的矛盾决定了生产环节外包在我国出现的必然性。

3.3.2　农业生产环节外包在我国出现的特殊性

农业生产环节外包在我国出现具有一定的特殊性，是我国土地权利从不变到渐变过程的具体体现。

对于以美国和日本为代表的农业发达国家而言，尽管不同国家的土地流转制度存在很大差异，但是从土地所有权来看，土地都归私人所有。美国 1787 年制定的《西北法案》规定土地可以自由买卖，而国有土地的价格是 640 美元能购买 259 hm² 的土地。日本 1952 年制定的《农地法》巩固了土地改革，将土地低价出卖给佃农，使之成为"自耕农"，将耕地转化为私有的产权调动了农民的积极性，土地私有制也成为日本土地产权制度的特征。目前，日本个人所有土地占全国土地面积的57%。

相比之下，中国土地权益的流转就复杂和困难得多。我国土地权益分为所有权、承包权、经营权（使用权）三个级别，其中所有权归集体所有，承包权长期不变，而经营权对于缺乏社会保障的农民而言是重要的生活保障。外加数千年文明传承下来对土地的依赖心理，导致中国农民把土地看得尤为重要，因而土地各种权益的流转极为困难。土地流转的困难就是在实现规模经营这一农业现代化发展的重要路径时，我国必然不能走发达国家的老路，只能从环节的规模经营——以统防统治、统一收割等为代表的生产环节外包开始，从单一环节向多环节发展，当实现全环节的外包和流转时，也就能够实现经营权的彻底流转。因此，生产环节外包在我国出现有一定的特殊性，是我国土地所有制约束、社会保障制度不完善、农民对土地特殊心理依赖等因素共同作用的结果。

3.3.3 农业生产环节外包在我国出现的阶段性

随着我国社会经济和农业的发展，农业生产环节外包将逐渐被经营权流转所替代。

随着社会和经济发展以及人口的快速增长，对农产品的需求不断增加，这就要求农业能够有效增加农产品的长期和短期供给。我国几千年的农业生产逐渐从一种简单的生活方式向经济产业转变，而农业也将完成由自给自足到半自给自足再到现代商品农业形态的转变。从社会经济和农业发展水平来看，目前我国正处在从所有生活资料和物质保障都来自土地的全自给自足状态，向务工收入递增的同时仍然依赖土地作为社会保障的半自给自足状态转变，而农业生产环节外包也就是在这个阶段出现的。随着经济的发展和社会保障体系的完善，我国农业终有一天将实现现代商品农业形态，农业生产作为一个产业，彻底与其他产业完成分工，而"农民"也将由身份的称谓变成职业的称谓，此时大多数人不再依赖于土地和农业生产。进城务工的农业劳动力无法获得城镇居民相应的社保、农民文化素质偏低以致难以接受新技术、农业劳动的周期性与信息获取难度等一系列外包产生的动因都将消失，这时小农外包某些农业生产环节的现象也将消失，取而代之的将是土地整体经营权利的流转，以及土地经营权流转形成的种植大户面对劳动力不足而雇用劳动力的生产局面。

3.4 我国水稻生产环节外包发展的特点及趋势

生产环节外包的实质就是替代——农民在农业生产过程中利用已有的资源或者更低的成本去替代自己难以完成甚至无法完成的步骤。因而，水稻生产环节外包的发展趋势也就是在我国农业发展的不同阶段，农民在水稻种植过程中遇到的瓶颈问题发生变化时，应对手段的改变。

3.4.1 单纯的劳动替代向技术替代、信息替代转移

根据水稻生产的不同环节对劳动力、技术、信息需求的差异，可以将水稻生产环节分为劳动密集型环节和技术密集型环节等，其中整地和收割环节劳动需求量大，是典型的劳动密集型环节；施肥、育秧环节对劳动需求量相对较低，而对于劳动者的经验技术需求量大，属于典型的技术密集型环节；而插秧等环节对于劳动技术和经验要求较高，且人工移栽劳动量大，因此可以归为复合型需求环节。而水稻生产环节外包的发展趋势正是由单纯只外包劳动密集型环节向劳动密集型和技术密集型环节兼顾。

表3-1统计了8省份水稻生产中稻农对不同类型环节的外包情况。从表中可以看出，不同类型环节外包比例不同，劳动密集型环节外包程度明显高于复合型环节，而复合型环节外包程度又高于纯技术密集型环节。此外，表3-1还能反映我国水稻生产环节外包的发展趋势。

表3-1 不同条件下的水稻生产环节外包情况（%）

环节类别		全样本外包比例	劳动密集型环节已外包条件下	技术密集型环节已外包条件下
劳动密集型	整地环节	50.36	—	68.97
	收割环节	71.27	—	86.21

（续）

环节类别		全样本 外包比例	劳动密集型环节 已外包条件下	技术密集型环节 已外包条件下
复合需求型	插秧环节	23.39	28.73	93.1
技术密集型	育秧环节	5.96	7.73	—
	病虫防治	6.09	9.5	—

数据来源：2010 年 8 省份调研数据。

从表中可以看出，不仅不同生产环节的外包程度不同，不同条件下农户各环节的外包程度也不同。比较不同条件下的外包程度可以发现，已将劳动密集型环节外包的农户在育秧环节和插秧环节的外包比例分别为 7.73％和 9.5％，略高于全样本的 5.96％和 6.09％，而已将技术密集型环节外包的农户在整地环节和收割环节的外包比例为 68.97％和 86.21％，远远高于全样本的 50.36％和 71.27％。同样，劳动密集型生产环节外包的农户中，分别只有 28.73％的农户将插秧环节外包，仅比全样本的 23.39％的比例高出约 22.8％，而相比之下，将技术环节外包的农户中有超过 90％都将插秧环节外包，比全样本中插秧环节外包的比例高出 300％。由此可以判断，外包劳动密集型环节的农户很少将技术密集型环节外包，而外包技术密集型环节的农户往往也将劳动密集型环节外包，同时劳动密集型环节外包程度总是高于复合需求型，更高于技术密集型，进而得出结论：当技术密集型生产环节已实现技术替代时，劳动密集型生产环节已基本上实现外包，因此水稻生产首先实现的是基本劳动力替代，而技术替代是水稻生产环节外包更进一步的发展趋势。

3.4.2 外包专业化程度更高，且供求趋于常态化

从目前稻农的外包需求来看，虽然 78.53％的农户对其选择的社会化服务供给主体表示满意，但是超过 40％的农户希望在病虫害防治、施肥等环节由更为专业的合作社或农技站提供服务，还有 25.98％的稻农因为不放心服务质量而没有选择外包。水稻生产环节外包是一个农民自发的行为，其发展是需求导向型，因此可以预见未来专业化程度更高的合作社将逐步替代零散的个人，成为供给技术密集型环节外包服务的主要力量。

　　比较江苏、安徽、江西三省以及全国水稻外包比例可以发现：一方面，农业现代化水平较高的江苏省水稻机收比例和外包比例都超过90％，远远高于全国46.2％的外包水平，可以推断环节外包程度将随我国农业的发展而提高；另一方面，江苏省水稻生产各环节外包水平都高于经济水平相对欠缺的安徽省和江西省，可以推断，随着经济发展水平的提高，外包环节范围将继续扩大，各环节外包程度差异缩小。

4 生产环节外包收益分析

生产环节外包是农民自发行为，根据理性经济人假设，生产环节外包对农户一定会带来收益。本部分将着重探讨水稻生产环节外包在农户收益、农业生产、农业发展等方面的具体效益。

4.1 生产环节外包对农民收入的影响

4.1.1 收入与农民收入

根据萨缪尔森（Paul A. Samuelson）的说法，收入是个人或家庭（household）在一个特定时期内（一般统计指标通常考虑以 1 年为标准）所挣得的款项（receipts）或现金。MBA 智库百科中将收入的定义进行了广义和狭义的区分，其中广义的收入是指日常活动及其之外的活动形成的经济利益流入；而狭义的收入概念则将收入限定在企业日常活动所形成的经济利益总流入。《新帕尔格雷夫经济学大辞典》则将收入定义为："来自人们的土地、劳动和投资等的所得。"

根据对收入核心内容的总结和归纳，可以将农民收入定义为：农村居民从各种渠道和来源（包括农业渠道和非农业渠道）所获得的报酬或支付，且扣除了农民在 1 年中所花费的生产费用、上缴的国家税收以及集体提留和统筹等应缴税费后所余的部分。一般认为，农民收入还应分为总收入与纯收入。

根据《中国统计年鉴 2010》对统计指标的解释，总收入是指农村住户和住户成员从各种来源渠道得到的收入总和。按收入的性质划分为工资性收入、家庭经营收入、财产性收入和转移性收入。其中工资性收入是指农村住户成员受雇于单位或个人，靠出卖劳动而获得的收入；家庭经营收入是指农村住户以家庭为生产经营单位进行生产筹划和管理而获得的收入（农村住户家庭经营活动按行业划分为农业、林业、牧业、渔业、工业、建筑业、交通运输业、邮电业、批发和零售贸易、餐饮业、社会服务业、文教卫生业和其他家庭经营）；财产性收入是指金融资产或有形非生产性资产的所有者向其他机构单位提供资金或将有形非生产性资产供其支配，作为回报而从中获得的收入；转移性收入是指农村住户和住户成员无须付出任何对应物而获得的货物、服务、资金或资产所有权等，不包括无偿提供的用于固定资本形成的资金（一般情况下是指农村住户在二次分配中的所有收入）。

纯收入指农村住户当年从各个来源得到的总收入相应地扣除所发生的费用后的收入总和。计算方法是：纯收入＝总收入－税费支出－家庭经营费用支出－生产性固定资产折旧－赠送农村内部亲友支出。纯收入主要用于再生产投入和当年生活消费支出，也可用于储蓄和各种非义务性支出。"农民人均纯收入"是按人口平均的纯收入水平，反映的是一个地区农村居民的平均收入水平。

4.1.2　我国农民收入问题

（1）农民收入绝对水平偏低　我国农民收入整体水平偏低，首先表现在农民收入的绝对水平偏低。2004 年，我国农民人均纯收入仅为 2 936元。如果按当时人均 635 元的贫困线标准，2003 年底全国尚有 2 900 万绝对贫困人口；若按人均 825 元（100 美元）的标准，则达到 9 000 万人左右。还有相当数量的农村人口虽不属统计中的贫困人口，但收入仅略高于贫困线，只要气候等生产条件稍有变化，就会陷入贫困人口行列。

我国农民收入整体水平偏低，还表现在与我国城镇居民收入相比有明显的差距。为了分析城乡收入的对比状况，呈现出农村居民收入和城镇居民收入的差距状况，笔者采用城乡居民收入比（城乡间人均收入比＝城镇居民人均收入/农村居民人均收入，该指标能够直接反映出农村和城镇居民收入的差距变化）进行分析（表 4-1）。

表 4-1 1979—2009 年农村、城镇居民人均收入统计（元）

年份	农村居民人均收入	城镇居民人均收入	城乡间人均收入比
1979	160.17	387	2.416
1980	191.3	477.6	2.497
1981	223.44	491.9	2.201
1982	270.11	526.6	1.950
1983	309.77	564	1.821
1984	355.33	651.2	1.833
1985	397.6	739.1	1.859
1986	423.8	899.6	2.123
1987	462.6	1 002.2	2.166
1988	544.9	1 181.4	2.168
1989	601.5	1 375.7	2.287
1990	686.3	1 510.2	2.200
1991	708.6	1 700.6	2.400
1992	784	2 026.6	2.585
1993	921.6	2 577.4	2.797
1994	1 221	3 496.2	2.863
1995	1 577.7	4 283	2.715
1996	1 926.1	4 838.9	2.512
1997	2 092.1	5 160.3	2.467
1998	2 162	5 425.1	2.509
1999	2 210.34	5 854	2.648
2000	2 253.42	6 280	2.787
2001	2 366.4	6 859.6	2.899
2002	2 475.63	7 702.8	3.111
2003	2 622.24	8 472.2	3.231
2004	2 936.4	9 421.6	3.209
2005	3 254.9	10 493	3.224
2006	3 587	11 759.5	3.278
2007	4 140.4	13 785.8	3.330
2008	4 760.62	15 780.76	3.315
2009	5 153.17	17 174.65	3.333

数据来源：《中国统计年鉴》。

可以看出，1980—1983 年城乡间人均收入比在不断下降，由此可以看出当时家庭承包经营的实施使得农村居民能够自主经营，积极性得到大幅度的提高，农村居民也普遍开展多样化经营，使得收入得以提高，并且增长的速度快于城市。然而，随着我国城市工业化建设的加快，改革的重心从农村开始转移到城市，以及国家对城市的多项福利政策使得城市居民的收入增长开始加快。从 1983 年之后，城乡间人均收入比几乎在持续增长，这一比率也由 1983 年的 1.821 增加到 2009 年的 3.333。国际经验表明，在人均 GDP 达到 800～1 000 美元时，城乡居民收入的正常差距为 1.5～2 倍。2009 年，我国人均 GDP 超过了 1 000 美元，而城乡居民收入差距超过了 2 倍，说明当年我国城乡居民的收入差距明显超过了国际经验标准。另外，从城乡调查的具体情况看，城市居民的收入往往只考虑到"工资性"方面的收入，没有将城市居民实际享有的实物性补贴与社会保障计入收入之中，而我国农村居民长期以来几乎未享受到实物性补贴与社会保障，农民记账一般不存在"隐性"收入部分，因此城乡居民实际收入的差距会更大。

（2）农民收入整体上升但增速过慢　自 1978 年开始采取对外开放基本国策后，我国开始实行家庭承包经营，农民开始有了自己的土地，劳动的积极性得到很大的提高，农民的收入开始大幅度提高。1985 年之后，随着我国工业化建设的发展需要，在农闲之时部分农民开始外出打工，获得了一些非农业的收入。到了 20 世纪 90 年代，杂交水稻研究获得成功之后，杂交小麦、杂交玉米等的相关技术也得到了重大的突破，同时我国化肥、农药技术也得到了普遍的应用，这些技术的应用使得我国粮食亩产大大提高，进而提高了我国农民的农业收入水平。1992 年邓小平南方谈话后，我国的市场经济制度得以确立，从根本上把我国从计划经济解放了出来，农民生产的多样化和收入的多样化表现得越来越突出。进入 21 世纪，我国对农业、农村、农民的重视程度越来越高，取消了延续 2 000 多年的农业税制度，并采取了粮食直补等惠农政策，种种惠农政策对我国的农民收入增长起到了一定的积极作用。同时，我国金融市场逐步完善，也开始尝试进行农村信贷放开的措施，比如实行农村小额贷款办法等，一定程度上缓解了农民间流动资金的束缚，对我国新农村的建设、农业基础设施的改进和农民的收入增长起到了一定的积极作用。图 4-1 反映出了自 1978 年以来我国农民人均收入的变化状况，总体上说我国农村居民人均收入处于持续增长状态。

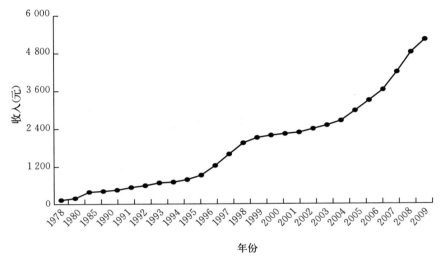

图 4-1　1978—2009 年我国农村居民人均收入

数据来源：《中国统计年鉴》。

为比较我国农村居民收入的增长状态是否和经济增长速度保持一致，笔者采用农村居民人均收入增长率和反映经济增长率的人均 GDP 增长率这两个指标进行对比分析。农村居民人均收入增长率和我国人均 GDP 增长率均采用同比增长速度计算［农村人均收入增长率＝（当年农村居民人均收入－上年农村居民人均收入）/上年农村居民人均收入×100％。同理，我国人均 GDP 增长率＝（当年人均 GDP 值－上年人均 GDP 值）/上年人均 GDP 值×100％］。计算结果见图 4-2。

通过图 4-2 可以看出，整体上说农村居民人均收入增长和经济增长并非呈现一致的状态，两者之间是一种非平衡的关系。1997—2009 年，农村居民收入的增长率始终低于经济的增长率。人均 GDP 增速在 1997 年以后都保持 5％以上的增长，尤其是 2003 年之后增长率保持在 10％左右，而此段时间农民人均实际收入增长率普遍低于人均 GDP 增长率 3 个百分

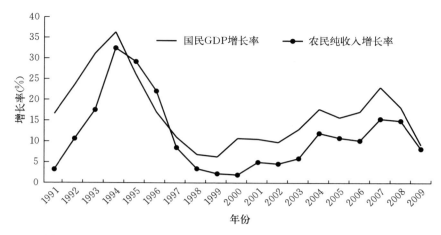

图 4-2　1991—2009 年我国农村居民人均收入及人均 GDP 年增长率

数据来源：根据《中国统计年鉴》数据整理。

点左右，最高时达到 7 个百分点。后期二者的增长率开始趋于一致，2009年两者增长率均在 7.8% 左右。

（3）农民收入内部差距较大　改革开放以来，我国农民的人均纯收入总体上呈现递增趋势，收入增长明显。但与此同时，我国农民内部的收入差距也在不断扩大，高收入农户与低收入农户之间的收入水平差距越来越大。国家统计局从 2003 年起开始将农民按收入水平的不同分为低收入户、中低收入户、中等收入户、中高收入户和高收入户。表 4-2 反映了 2003年来按人均纯收入分组的农村居民收入情况。

表 4-2　按人均纯收入分组的农村居民收入（元）

年份	低收入户	中低收入户	中等收入户	中高收入户	高收入户
2003	865.90	1 606.53	2 273.13	3 206.79	6 346.86
2004	1 006.88	1 841.98	2 578.49	3 607.67	6 930.65
2005	—				
2006	1 182.46	2 222.03	3 148.50	4 446.59	8 474.79
2007	1 346.89	2 581.75	3 658.83	5 129.78	9 790.68
2008	1 499.80	2 935.00	4 203.10	5 928.60	11 290.22
2009	1 549.30	3 110.10	4 502.10	6 467.60	12 319.10

数据来源：《中国农村统计年鉴》。因 2006 年《中国农村统计年鉴》并未将农村居民按收入水平分组，故 2005 年数据缺失。

通过表 4-2 可以看出，我国农民低收入组收入情况与其他组差距很大，2003 年低收入户的人均纯收入只有 865.90 元，只有中低收入户的一半左右；与人均收入最高的高收入户相比，只占到了高收入户的约 14%，即高收入户的人均纯收入是低收入户的约 7.3 倍。2003—2009 年，高收入户与低收入户的差距没有得到改观，高收入户的人均纯收入一直保持在低收入户的 7 倍左右，并且有扩大的趋势。2009 年的低收入户人均纯收入为 1 549.30 元，甚至还达不到中低收入户在 2003 年的人均纯收入水平。

如果以省份为单位，我国各省份间农民人均纯收入的差距也十分明显。根据《中国农村统计年鉴》，笔者计算出 2000—2009 年我国农民人均纯收入最高地区与最低地区的差额，如表 4-3 所示：

表 4-3　2000—2009 年农村居民人均纯收入最高地区与最低地区对比

年份	最高收入地区	人均纯收入	最低收入地区	人均纯收入	两地区人均纯收入差额
2000	上海	5 596.37	西藏	1 330.81	4 265.56
2001	上海	5 870.87	西藏	1 404.01	4 466.86
2002	上海	6 223.55	西藏	1 462.27	4 761.28
2003	上海	6 653.92	贵州	1 564.66	5 089.26
2004	上海	7 066.33	贵州	1 721.55	5 344.78
2005	上海	8 247.77	贵州	1 876.96	6 370.81
2006	上海	9 138.65	贵州	1 984.62	7 154.03
2007	上海	10 144.62	甘肃	2 328.92	7 815.70
2008	上海	11 440.26	甘肃	2 723.79	8 716.47
2009	上海	12 482.94	甘肃	2 980.10	9 502.84

数据来源：《中国农村统计年鉴》。

从表 4-3 中我们可以看出，2000—2009 年，农民人均纯收入最高地区一直为上海，而低收入地区则主要为甘肃、西藏、贵州。2000 年，上海农民人均纯收入为 5 596.37 元，比西藏地区农民的 1 330.81 元人均纯收入高了 4 265.56 元，前者是后者的 4.21 倍。2009 年，当上海地区农民的人均纯收入达到 12 482.94 元的时候，甘肃地区的农民人均纯收入只有 2 980.10 元，两者相差近 10 000 元。

可见，我国农民收入内部存在很大差距，高收入户与低收入户之间、各省份之间差距显著，并且这种收入差距有扩大趋势。

4.1.3 生产环节外包的农民收入效应

从前面的概念界定中可以看出，农民本身作为一个生产者，其收入主要由生产成本和劳动力报酬两方面构成。从生产成本来看，第一，生产环节外包减少甚至节约了农民变换工作而损失的时间。由于农业生产存在周期性，很多进城务工的农民为了应付老家农忙，只能选择从事临时劳动，并且农忙归来很可能不得不从一种工作转向另一种工作，或者从一种操作转向另一种操作，这就造成了农民往往要花时间做上一种工作的结束和做下一种工作的准备工作，并难以很快将注意力转移到新的工作上来。如果将生产环节外包，将避免农民因为农忙而放弃在城市的工作，节约寻找工作的成本和工作变化的适应成本，也就等于节约了生产经营中的人力成本。第二，生产环节外包降低了生产过程需要的劳动工具等物资成本。由于生产环节外包给专门的劳动者或者劳动部门，能够极大减少生产经营者所要准备的工具数量，同时由于生产环节的外包将造成该环节的生产经营规模扩大，有助于减少大型机械使用的平均成本，让经营者更有效地利用生产资源，降低物质生产资料的成本。第三，生产环节外包降低了劳动者的学习成本。由于熟练掌握一项技能或者操作需要相关的知识，更需要一定时间的练习。相应掌握的技能越多，学习成本就越高，而生产环节外包实现的专业化分工，农户只需要熟练从事某个环节的生产或者从事某项非农劳动的操作，将极大减少重复学习和培训的成本。此外，由于生产环节外包引起的专业化分工缩小了劳动者的生产经营范围，缩小了信息领域空间，个人信息获取成本和信息处理能力都得到改善，信息成本也将大幅下降。

在专业化分工这一问题上，杨小凯将其定义为：若某人在生产某产品时，生产函数显示劳动生产率随他在此活动中的专业化分工水平上升而增加，则他生产此产品的活动中有专业化分工经济（如果有劳动以外的投入，则专业化分工经济概念中的劳动生产率应由全要素生产率代替）。具体而言，假设农户可以选择从事生产水稻 R 和生产其他产品 V 两种生产经营方式，且某一农户投入生产活动的劳动时间 T 为其生产经营的专业化分工水平，用 T_i 代表某种劳动的生产分工水平。则其生产函数和时间约束可假定为：

$$R_i + R_i^s = T_{Ri}^a，V_i + V_i^s = T_{Vi}^a，T_{Ri} + T_{Vi} = T \qquad (4.1)$$

式中，i 表示消费-生产者，$i=1，2，\cdots，M$（M 为人口数，且 M 很大）；R_i 和 V_i 分别表示水稻和其他产品的自给量；R_i^s 和 V_i^s 为它们的售卖量；T_{Ri}^a 和 T_{Vi}^a 分别为两种产品的产出水平；a 为专业化分工指数；T 表示该农户总可用生产时间（由于闲暇效用界定较为困难，此处仅考虑劳动选择而不考虑工作与闲暇之间的选择，因此时间等价于劳动）。基于上述设定，上式为生产系统，它由若干生产函数和一项消费-生产者的时间禀赋约束组成。

令 $R_i = (R_i + R_i^s)/T_{Ri}$ 表示 i 农户生产水稻的劳动生产率，$V_i = (V_i + V_i^s)/T_{Vi}$ 表示 i 农户生产 V 产品的劳动生产率。$T_{Ri} = T_{Ri}^a/T$ 和 $T_{vi} = T_{vi}^a/T$ 分别表示生产水稻和其他产品 V 的专业化分工水平，整理可得：

$$R_i = T^{a-1} T_{Ri}^{a-1}，V_i = T^{a-1} T_{Vi}^{a-1}，T_{Ri} + T_{Vi} = 1 \qquad (4.2)$$

式中，R_i 是 i 农户种植水稻的劳动生产率；V_i 是其生产 V 产品的劳动生产率；如果 $a>1$ 或 $a<1$，则 R_i 与 T_{Ri} 及 V_i 与 T_{Vi} 一同增长或减少。这就意味着一个人生产一种产品的劳动生产率与其生产该产品的专业化分工水平一同增长，即当 $a>1$，则显示出专业化分工的经济性；而当 $a<1$，则显示专业化分工的不经济性。$a-1$ 为专业化分工的经济程度。

因此，水稻生产环节外包带来的专业化分工：①稻农对水稻生产的专业化水平提高 1 倍，则水稻的产出也将提高，且投入增加 1 倍，单产增加小于 1 倍；②专业化分工水平随着一个人活动范围的缩小而增加，专业化分工经济来自熟能生巧和个人特定专业中的经验积累，是通过反复实践和学习获得的技能。以上分析表明，无论是实现了各职能、操作的规模经营，还是引起了生产成本的节约，抑或劳动生产率随专业化分工水平的提高而提高，都说明了水稻生产环节外包为农户带来收入的提高。

4.2　生产环节外包的生产率效应

除了降低成本、提高劳动效率以外，生产环节外包所带来的平均技术效率提高将对生产率产生正面影响。本部分就从全要素生产率角度出发，利用 C‑D 生产函数和江苏省农户调研的面板数据，分析水稻生产环节外包的生产率效应。

4.2.1　外包生产率效应研究方法

对生产率研究的方法较多，包括 C‑D 生产函数、CES 生产函数、VES 生产函数、Translog 生产函数等众多生产函数，在对上述各种方法进行比较之后，笔者选择选用更简洁直观的 C‑D 生产函数（Cobb‑Douglas Production Function）考察水稻生产环节外包对水稻生产率的影响。

C‑D 生产函数的基本形式为：

$$Y_t = A_t K_t^{\alpha_1} L_t^{\alpha_2} \qquad (4.3)$$

式中，Y 代表水稻产出水平；A 代表全要素生产率；K 代表资本要素投入；L 代表劳动力投入；t 代表年份；α_1 和 α_2 分别表示资本和劳动力投入的规模报酬。

对上式进行对数变换可得：

$$\ln Y_t = \ln A_t + \alpha_1 \ln K_t + \alpha_2 \ln L_t \qquad (4.4)$$

根据王珏等（2010）的研究，我国全要素生产率主要受对外开放程度、科技水平、工业化水平、地理因素、土地利用能力等因素影响，而其中科技水平、工业化水平对于全要素生产率的影响最为显著。因此，在王珏等研究的基础上，笔者将科技水平、工业化水平以及外包指数作为全要素生产率的主要构成项，有：

$$\ln A_t = \beta_0 + \beta_1 TEC_{it} + \beta_2 IND_{it} + \beta_3 OS_{it} + \mu_{it} \qquad (4.5)$$

式中，TEC_{it} 为科技水平；IND_{it} 表示该地区的工业化水平；μ_{it} 是随机误差项。

将（4.5）式代入（4.4）式，得到本研究要估计的生产函数基本形式：

$$\ln Y_t = \beta_0 + \alpha_1 \ln K_t + \alpha_2 \ln L_t + \beta_1 TEC_{it} + \beta_2 IND_{it} + \beta_3 OS_{it} + \mu_{it}$$

$$(4.6)$$

由于苏南、苏中、苏北三地经济发展水平、工业化水平、技术密集度等地区的个体效应与地区外包可能存在相关性，为避免个体固定效应进入随机误差项导致最终估计结果有偏，引入地区固定效应项 λ_i 以反映不同地区之间效率差异的非观测效应。因此，要进行估计的模型为：

$$\ln Y_t = \beta_0 + \alpha_1 \ln K_t + \alpha_2 \ln L_t + \beta_1 TEC_{it} + \beta_2 IND_{it} + \beta_3 OS_{it} + \lambda_i + \mu_{it}$$

$$(4.7)$$

同样，由于我国水稻生产环节外包正在起步阶段，随着时间的变化外包程度将不断加深，因此不同地区不仅存在个体效应的特征，其特征可能还随时间的变化而变化。为解决这一问题，Amiti 和 Wei（2006）采用工具变量来解决生产分割与生产率之间的内生性问题。但是内生性可能是由未观测到的与生产率和生产分割都相关的因素，如时间变化等引起的，同时由于工具变量本身也有可能对生产率产生影响，所以估计系数可能会偏低。因此，还应引入时间固定效应变量 θ_t，以反映时间变化对不同地区的行业生产率变化的影响，在个体固定效应模型基础上，还应对个体、时间混合因素模型进行估计，具体模型为：

$$\ln Y_{it} = \beta_0 + \alpha_1 \ln K_{it} + \alpha_2 \ln L_{it} + \beta_1 TEC_{it} + \beta_2 IND_{it} + \beta_3 OS_{it} + \theta_t + \lambda_i + \mu_{it}$$

$$(4.8)$$

4.2.2 数据来源

本研究的数据来源主要来自笔者的跟踪调研。2007 年，笔者课题组分别从地处苏南、苏中和苏北的金坛市、靖江市和洪泽市各随机选择了 150 名水稻示范户进行了生产情况调研。在之后的 4 年间，笔者课题组每年都对这 150 名农户进行了跟踪调研，获取了 4 年来江苏省三地区水稻生产情况的微观数据。表 4－4 是被调查样本的基本特征统计。

表 4-4　样本基本特征统计

项目		洪泽		靖江		金坛		总样本	
		频数（人）	比例（%）	频数（人）	比例（%）	频数（人）	比例（%）	频数（人）	比例（%）
户主性别	男	137	91.33	131	87.33	123	82.00	391	86.89
	女	13	8.67	19	12.67	27	18.00	59	13.11
种稻年龄	10 年以下	2	1.33	3	2.00	2	1.33	7	1.56
	10～20 年	34	22.67	25	16.67	26	17.33	85	18.89
	20～30 年	80	53.33	53	35.33	60	40.00	193	42.89
	30 年以上	34	22.67	69	46.00	62	41.33	165	36.67
文化程度	小学及以下	10	6.67	31	20.67	9	6.00	50	11.11
	初中	74	49.33	70	46.67	95	63.33	239	53.11
	高中	63	42.00	43	28.67	41	27.33	147	32.67
	大专及以上	3	2.00	6	4.00	5	3.33	14	3.11
家庭劳动力	2 人及以下	49	32.67	46	30.67	84	56.00	179	39.78
	3 人	31	20.67	44	29.33	37	24.67	112	24.89
	4 人	67	44.67	48	32.00	23	15.33	138	30.67
	5 人及以上	3	2.00	12	8.00	6	4.00	21	4.67

注：由于是跟踪调研，因此表 4-4 根据 2010 年调研截面数据统计。

（1）产出（Y）　本研究中的产出数据为被调查农户的水稻单产水平，单位为斤*/亩。

（2）资本（K）　与产出类似，研究中用到的资本投入水平为各地区被调查农户的实际亩均要素投入，其中主要包括购买种子、化肥、农药和灌溉等的花费，单位为元/亩。

（3）劳动力（L）　劳动力投入包含了整地、育秧、移栽、施肥、打药、收割、脱粒、运输等环节人力和机械劳动力投入，是生产中雇工花费以及自身劳动力投入两方面之和，其中自身劳动力投入根据家庭用工时数乘以当地农业劳动力的平均雇佣工资而得。劳动力投入单位为元/亩。

（4）技术要素（TEC）　可以肯定的是，新技术的使用是影响全要素

---

* 　斤为非法定计量单位。1 斤＝500 g。

生产率最重要的因素，而技术的掌握和转化则是新技术使用的重要指标。本研究利用农户与农技员联系次数反映新技术的使用，农户与农技员联系次数越多，则农户对新技术的掌握和采用越多。

（5）工业化水平（IND） 工业化水平是一个地区的宏观指标，其对农民最显著的影响就是非农就业机会的增加。因此，笔者使用农民非农收入占总收入的比重来作为工业化进程的微观体现。

表 4-5 是上述变量的描述性统计。

表 4-5 回归相关变量描述性统计

变量	极小值	极大值	均值	标准差
Y	800.00	1 478.00	1 163.037 7	82.413 6
K	114.39	995.50	271.400 7	212.543 6
L	0.00	820.00	319.417 8	184.330 4
TEC	2.00	30.00	10.853 1	4.618 6
IND	0.00	0.98	0.503 6	0.292 1
OS	0.00	1.00	0.372 5	0.224 5

注：与表 4-4 不同，表 4-5 是根据 2007—2010 年面板数据统计而成。

4.2.3 水稻外包生产率效应分析

首先使用个体固定效应回归考察不同环节外包对生产率的影响。表 4-6 是个体固定效应模型下的回归结果，其中 OS_0 代表环节外包带来的总影响，OS_1、OS_2、OS_3 分别代表仅考虑插秧环节、病虫害防治环节、收割环节外包时对生产率的影响。从统计结果可以看出，除收割环节外，其他环节系数都大于 0 且能通过 10% 置信区间的检验，说明除收割环节以外，其他环节的外包都能较显著地影响农业生产率。相比病虫害防治环节外包对生产效率产生的显著影响，收割环节的外包影响微乎其微且不能通过检验，原因主要在于严格来说收割环节已不是生产环节，该环节本身就不能对产量造成客观影响。而插秧环节与病虫害防治环节影响存在差异的原因在于，病虫害防治是一个技术含量更高的环节，外包带来的技术外溢更明显。值得一提的是，工业化变量 IND 的系数为负，与之前王珏等学者的研究结果存在差异，笔者认为造成这个差异的原因在于选择的量化指标不同。随着非农收入比重的提高，农户对于水稻的生产关注度就会下降，因此从这个角度说，工业化程度提升会对生产率带来负面影响。

表 4-6 个体固定效应模型回归结果

变量	全环节 OS_0	插秧环节 OS_1	病虫防治环节 OS_2	收割环节 OS_3
B	5.448 0***	5.118 0***	5.182 2***	4.981 5***
	(4.73)	(5.21)	(4.38)	(4.77)
$\ln K$	0.363 5**	0.347 5*	0.359 9**	0.337 7**
	(2.14)	(1.95)	(2.04)	(2.1)
$\ln L$	0.273 7**	0.275 4**	0.289**	0.304 1**
	(2.03)	(2.05)	(2.15)	(2.43)
TEC	0.1180***	0.117 5*	0.117 3**	0.117 2**
	(2.61)	(1.73)	(1.97)	(2.35)
IND	−0.020 4*	−0.198 5*	−0.199 5**	−0.020 2*
	(1.84)	(1.89)	(2.09)	(1.68)
OS_j (j=0,1,2,3)	0.098 7**	0.027 7**	0.084 3***	0.001 4
	(2.07)	(2.43)	(2.71)	(1.54)
R^2	0.54	0.47	0.52	0.431

注：括号内为各变量的 t 统计值；*、**、*** 分别表示该系数在 10%、5%、1% 的置信区间通过检验。

在个体固定效应回归的基础上加入时刻固定效应，考察个体时刻双向固定效应下不同环节外包对生产率的影响，回归结果详见表 4-7。可以发现，R^2 有所提高，说明加入时间要素以后，模型更好地解释了水稻生产环节外包对生产率的影响。研究所关注的环节外包系数明显增大，说明外包的时间固定效应显著大于个体固定效应，同时随着时间的推移和外包程度的加深，各环节外包系数逐渐增大，说明水稻生产环节外包对生产率的提升作用还在呈现出不断增大的趋势。

表 4-7 个体时刻双向固定效应回归结果

变量	全环节 OS_0	插秧环节 OS_1	病虫防治环节 OS_2	收割环节 OS_3
B	5.489 4***	5.432 6***	5.391 9***	5.271 8***
	(7.645 0)	(4.563 2)	(5.457 4)	(4.763 7)

（续）

变量	全环节 OS_0	插秧环节 OS_1	病虫防治环节 OS_2	收割环节 OS_3
$\ln K$	0.358 5**	0.357 9***	0.358 2**	0.358 3**
	(2.478 0)	(2.587 6)	(2.439 9)	(2.532 5)
$\ln L$	0.268 9***	0.267 3**	0.268 2**	0.268 5***
	(2.634 8)	(2.589 7)	(2.426 0)	(2.613 2)
TEC	0.109 8**	0.109 6**	0.108 8**	0.108 4**
	(2.435 3)	(2.562 4)	(2.532 6)	(2.321 5)
IND	−0.019 8*	−0.198 2*	−0.198 6**	−0.198 7*
	(1.938 6)	(1.945 7)	(1.974 8)	(1.909 8)
OS_j	0.798 1***	0.743 3***	0.843 1***	0.001 5*
($j=0,1,2,3$)	(2.786 8)	(3.768 3)	(3.809 7)	(1.736 3)
2007	0.864 8***	0.789 0***	0.976 4***	0.001 6***
	(6.572 8)	(4.568 5)	(8.890 4)	(3.658 4)
2008	0.899 6***	0.789 3***	0.984 6***	0.001 8***
	(6.742 8)	(4.765 3)	(8.628 9)	(3.768 7)
2009	0.921 3***	0.790 2***	1.031 5***	0.001 9***
	(7.298 1)	(4.688 0)	(9.013 5)	(4.062 4)
2010	0.941 3***	0.815 6***	1.107 2***	0.002 0***
	(7.368 4)	(5.358 3)	(8.890 5)	(4.321 5)
R^2	0.623	0.614	0.597	0.594

注：括号内为各变量的 t 统计值；* 、** 、*** 分别表示该系数在 10%、5%、1% 的置信区间通过检验。

通过本研究对水稻生产环节外包的生产率效应分析可以发现，水稻生产环节外包对水稻生产率存在显著的正向效应，但是对不同环节外包的影响存在差异，相比以劳动替代为主的外包环节，技术替代型环节的外包能够带来更大的生产率效应。从时间序列来看，水稻生产环节外包对水稻生产的时间固定效应显著大于个体固定效应。调查数据显示随着时间的推移，江苏省水稻生产环节的外包程度在不断提高，模型分析结果也表明，随着外包程度的提高，其对生产率的影响也在逐渐增大，水稻单产提高受外包影响更加明显。从地理区位来看，对于兼业化程度高（兼业化程度的高低主要通过农民收入结构中非农务工收入占总收入的比重反映）的地区而言，外包对于生产率的决定性作用更明显，以本研究中的地区为例，水稻生产环节外包对靖江水稻生产的决定性作用远远大于洪泽和金坛。

上述研究还反映了技术密集型环节与劳动密集型环节外包效果的差异。水稻生产和其他农业生产一样，由许多环节构成，不同环节对于劳动力、技术的需求各不相同。在笔者研究的三个生产环节中，收割环节的外包是出现最早也是外包程度最高的环节，但是研究结论中，真正能够显著影响生产率的环节却是外包程度极小的病虫害防治环节。

4.3　生产环节外包对我国农业发展的影响

除了能够对农民收入和生产率带来正面影响外，实际上生产环节外包带来的"就业扩大效应""产业优化效应""产业发展效应"将促进农业产业以及相关产业的发展。为了深入分析上述三种效应，笔者借鉴学者俞国琴（2006）的研究成果，在传统 C－D 生产函数的基础上进行改进，使之能够反映生产环节外包所带来的各种效应。

4.3.1　外包产业效应理论模型构建

与前文研究从微观角度出发不同，本部分的研究将从宏观出发，因此对函数进行了重新定义：K 和 L 依然分别代表资本投入量和劳动力投入量；α_1 和 α_2 分别表示资本和劳动力投入的规模报酬；A 为全要素生产率，为了简化研究，在此假设全要素生产率与当前技术水平 LT 密切相关，因此 A 可以表示为技术水平的函数 $A=A（LT）$；Y 表示地区总产出。

若将 $A=A（LT）$ 带入原函数，即有：

$$Y=A（LT）K^{\alpha_1}L^{\alpha_2} \tag{4.9}$$

可以假设生产环节外包前的生产函数为：

$$Y_0=A_0（LT_0）K_0^{\alpha_1}L_0^{\alpha_2} \tag{4.10}$$

发生外包后，由于劳动和技术投入主体发生了变化——不再是以前的农户，而是外包承接者，因此假设 K_1 和 L_1 分别代表外包承接者（农业服务提供者）生产过程中的资本投入量和劳动力投入量，外包服务承接者的全要素生产率 $A_1 = A_{os}$（LT_1），则该生产环节外包后的生产函数为：

$$Y_{os} = A_{os}（LT_1）K_1^{\alpha_1} L_1^{\alpha_2} \qquad (4.11)$$

一般地，生产环节外包导致了专业化：承接农业服务供给的外包承接者受到时间的约束，在扩大某一环节的生产规模的同时，减少了其他环节的工作。因而在理论上，可以假定 K_1 大于 K_0。同样的，外包承接者承接外包数量的增多，将导致资本规模扩大从而进一步增加就业，因而可以认为 L_1 是承接外包数量 N 的函数，即 $L_1 = L（N）$，一般认为 L_1 至少会大于或等于 L_0。

另一方面，由于生产从内部转向外部，环节外包的交易费用是不能忽略的。例如前期的专用性资产投资、信息搜寻和沟通谈判成本，以及可能存在的交通成本等，构成了外包的承接成本。学者普遍认为，外包的承接成本与外包数量 N、发包商（将生产环节外包的农户）和外包承接者（提供农业服务的农户或农业社会化服务组织）间的平均利润率差异 $P_s - P_d$，以及外包发生以后该环节平均技术水平的变化 $T_1 - T_0$ 相关。因此，外包承接成本 C 的函数表达式为：$C = C（N, P_s - P_d, T_1 - T_0）$，其中外包承接成本随外包数量增加而增加，随承接方与发包方间平均利润率差异增大而增加，也随承包方技术水平变化幅度的增大而增加。若将生产环节外包所能够带来的效益用效用 U 表示，则：

$$U = Y_{os} - Y_1 - C \qquad (4.12)$$

当 $U > 0$ 时，生产环节外包存在正效用；当 $U < 0$ 时外包存在负效用。显而易见，当 $U \geqslant 0$ 时生产环节外包才有可能发生。

由于 LT_1、K_1、L_1 均受到外包数量 N 的影响，且 LT_1 还受目前平均技术水平 $\overline{T}$ 的影响，因此有：

$$U = A_{os}(N, \overline{T}) K_1(N) L_2(N) - Y_0 - C(N, P_s - P_d, T_1 - T_0)$$

$$(4.13)$$

由于外包前生产力水平 Y_0 和当前平均技术水平 $\overline{T}$ 由寻求外包的农民生产水平和当前产业技术水平决定，因此对于外包收益而言，都属于外生变量，真正影响外包收益的内生变量仅包括 N，$P_s - P_d$，$T_1 - T_0$。

通常外包承接者会综合考虑各种因素后对其能够承接的环节进行仔细选择，而承接者考虑的因素中最重要的就是产业中该环节目前的平均技术水平 $\overline{T}$ 与自身技术水平 T_1。一般地，承接外包的环节其平均技术水平 $\overline{T}$ 应大于等于农户自身从事该环节生产时的技术水平 T_0，即 $\overline{T} > T_0$。值得一提的是，$\overline{T}$ 也不是越高越好。郑秀莲（2008）认为，外包产业技术水平越高，外包承接方就越难达到相应的技术要求，这将导致产业承接成本快速上升或外包承接方根本无法具备承接外包的资格和水平，从而可能使外包承接的边际效应小于零。另外，笔者认为由于技术差异过大导致的供给门槛过高，将导致有效供给不足而出现供不应求。

要研究外包数量变动对外包效应的影响，对式（4.13）求导，得：

$$\frac{\partial U}{\partial N} = K^{\alpha_1}(N)L^{\alpha_2}(N)\frac{\partial A_{os}(N,\overline{T})}{\partial N} + \alpha_1 A_{os}(N,\overline{T})K^{\alpha_1-1}(N)L^{\alpha_2}(N)\frac{\partial K(N)}{\partial N} +$$

$$\alpha_2 A_{os}(N,\overline{T})K^{\alpha_1}(N)L^{\alpha_2-1}(N)\frac{\partial L(N)}{\partial N} - \frac{\partial C(N,P_S-P_d,\overline{T})}{\partial N}$$

$$(4.14)$$

由前面的结论，外包承接成本 C 与外包数量存在密切关系，且会随着环节外包总量 N 的增大而以较快速度上升。但是随着农业生产外包环节范围的扩大和程度的加深，农业生产的社会化服务供给结构将发生改变，资源可充分利用程度将得到大幅提高，从而使得该环节效用的增加逐步受到限制，即外包承接的边际效应 ΔU 随着外包总量 N 增加而递减，因此效用 U 与外包总量的函数关系呈倒 U 形，即存在最佳规模 N_0，使得当 $N = N_0$ 时，外包效益最大。数学表述为：

$$\frac{\partial U}{\partial N} \geq 0, \quad \frac{\partial^2 U}{\partial N^2} \leq 0, \quad \text{且存在 } N_0 \text{ 满足：} \frac{\partial U}{\partial N}\Big|_{N=N_0} = 0$$

若将上述函数对 $\overline{T}$ 求导，可得：

$$\frac{\partial U}{\partial N} = K^{\alpha_1}(N)L^{\alpha_2}(N)\frac{\partial A_{os}(N,\overline{T})}{\partial \overline{T}} - \frac{\partial C(N,P_S-P_d,\overline{T}_0)}{\partial \overline{T}}$$

$$(4.15)$$

由于外包产生的重要原因之一就是农户追求更高的效率，因此农户被外包环节的生产效率应小于外界的技术效率，即 $\overline{T} > T_0$。此外，同外包总量类似，随着市场技术的提高，农户自身技术与外界技术的差异越大，生产环节外包所能带来的平均效率提高越明显，因此外包效用的增幅逐渐下降，数学表示为：

$$\frac{\partial U}{\partial T} \geqslant 0 \qquad (4.16)$$

综上所述，外包对整个产业带来的效用函数为：

$$U = A_{os}(N,\overline{T})K^{\alpha_1}(N)L^{\alpha_2}(N) - Y_0 - C(N, P_S - P_d, T_1 - T_0) \qquad (4.17)$$

且：

$$\frac{\partial U}{\partial \overline{T}} \geqslant 0; \quad \frac{\partial U}{\partial N} \geqslant 0; \quad \frac{\partial^2 U}{\partial N^2} \leqslant 0; \quad \overline{T} > 0 \qquad (4.18)$$

4.3.2 外包产业效应分解

外包对农业发展的影响，也就是农业生产环节外包的产业效应。为了方便研究生产环节外包对产业的影响，将外包的产业效用函数进行分解。

$$U = Y_1 - Y_0 - C$$

$$= \Delta Y - C(N, P_S - P_d, T_1 - T_0)$$

$$= \frac{\partial Y}{\partial A} + \frac{\partial Y}{\partial K} + \frac{\partial Y}{\partial L} - C(N, P_S - P_d, T_1 - T_0)$$

$$= K^{\alpha_1} L^{\alpha_2} \partial AL + \alpha_1 AK^{\alpha_1-1} L^{\alpha_2} \partial K + \alpha_2 AK^{\alpha_1} L^{\alpha_2-1} \partial L - C(N, P_S - P_d, T_1 - T_0)$$

式中，$K^{\alpha_1} L^{\alpha_2} \partial AL$ 可以理解为"优化效应"，$\alpha_1 AK^{\alpha_1-1} L^{\alpha_2} \partial K$ 可以理解为"发展效应"，而 $\alpha_2 AK^{\alpha_1} L^{\alpha_2-1} \partial L$ 则表示"扩大效应"。下面笔者将深入分析外包对产业发展带来的三种效应。

（1）优化效应　首先假定外包不引起农业生产的资本投入 K 与劳动力投入 L 增加，而只导致农业生产中的全要素生产率 A 变动，此时效用变动只受优化效应——$K^{\alpha_1} L^{\alpha_2} \partial AL$ 的影响。由于 A 发生了变动，即代表具有较高技术效率的劳动者承接了该环节的劳动，引起了该环节技术效率的提高，优化了该环节农业生产的技术水平和层次，所以可以称之为"产业优化效应"。

对于承接外包的农户或者农业生产社会化服务组织而言，承接到某一环节的生产而产生的"环节规模经营"将使之更倾向于选择高效的新技术，同时也为各种平均成本更低的大型设备使用提供基础，从而使整个农业的生产向高效方面发展。除新技术、新设备的采用外，新型社会化服务组织的出现，将原来农业由较低层次的劳动向集中化、专业化转变，逐步提高整个农业生产的集约程度，弥补我国土地规模经营难以实现的缺陷。此外，外包过程中出现的技术溢出效应和"干中学"效应将进一步推动地区的农业产业优化，促进整个地区的产业技术水平的提高。

（2）发展效应　若外包不引起该环节劳动投入 L 与生产技术水平系数 A 变动，而只导致该环节资本投入 K 增加。则这种情况下所产生的效应 U 为 $\alpha_1 A K^{\alpha_1-1} L^{\alpha_2} \partial K$。由于投入 K 的增加表现为更高的投入进入该生产环节，必然带来相关产业的发展，从而拉动区域产出增长所致。故该部分效应可称为生产环节外包的"产业发展效应"。

生产环节外包的产业关联带动作用实质就是外包"产业关联效应"发挥的过程，分为纵向关联以及横向关联。从纵向关联来看，农业生产环节环环相扣，既有时间的连续性，又有生命周期的一致性，因此，某个生产环节的生产要素有新投入，必将带动位于该环节前后的其余环节的新投入，刺激相关环节的发展。以水稻生产为例，一旦农户将插秧环节外包，而往往承包该环节的服务承接者会选择技术性更强的机插和适宜规模供给的品种，相应下游生产环节必须以相应的高效率、机械化运作，就刺激了下游环节的发展。从横向关联来看，由于农业生产环节外包带来的新物资投入要求，将刺激该地区关联产业（如投入品加工产业）的发展，这将在很大程度上促进地区经济的整体发展。一般而言，某环节需求物资在当地采购率越高、采购产品的技术含量越大、内资企业进入配套体系越多、这些企业所联动的当地产业链条越长，则该环节外包当地乃至一个国家技术进步的积极作用和技术溢出效应就越大。

（3）扩大效应　前面的分析都基于劳动力投入 L 不变的假定。实际上，若生产环节外包不引起资本投入 K 和全要素生产率 A 变动，仅仅引起该环节劳动力投入 L 增加，则该环节外包带来的扩大效应将增加劳动力就业。从理论上讲，这部分效应是由于劳动力投入加大而引致劳动力需求增加最终导致的就业扩大，因此"扩大效应"也即是"就业效应"。

就农业这一传统产业而言，生产环节外包将给予农民既不放弃土地经营权，又能放心进城寻找稳定工作的机会，有力推进劳动力向城镇的稳定流转，改变农民工"打零工"的零散就业现状。一方面减少农村劳动力，另一方面保证其他产业劳动力的充足，有助于优化我国就业结构。当然，这一结构的优化还取决于该地区经济发展水平、产业结构以及城市对于劳动力需求的规模与水平。从产业结构上看，产业关联效应和示范效应也会对就业产生影响，生产环节外包的关联效应将带动当地企业的发展，示范效应促进当地企业竞争力的提高，不但提高了当地企业的技术水平，而且也为产业自立发展积蓄了技术基础，必然同时增加了就业机会。

4.4　小结

由于笔者精力所限，本部分没有深入研究水稻生产环节外包对粮食安全的保障作用，仅分析了外包的收入效应、生产率效应以及农业发展效应。在分别利用实证分析和理论分析的基础上，本部分得出结论：不同地区、不同环节的水稻生产外包特征和形式具有明显的差异性，但是水稻生产环节外包在农民增收、生产效率提高以及农业长期发展等方面都能起到正面作用。

从农民收入角度来看，水稻生产环节外包不仅实现了各职能、操作层面的规模经营，还通过专业化分工直接带来农民收入的提高；从生产率角度来看，农业生产各环节的外包对农业生产率都会带来显著的正向影响，其中技术含量高的环节外包对生产率的帮助远远大于技术含量低的环节；从整个农业发展来看，外包对农业发展存在产业效应，包括优化效应、发展效应以及扩大效应。

5 水稻生产环节外包需求研究

经济学中需求是在一定的时期，在一既定的价格水平下，消费者愿意并且能够购买的商品数量。本部分在对目前外包需求统计描述的基础上，寻找我国水稻生产环节外包需求特征，然后着眼于外包需求的差异，分别从环节本身特征和稻农行为特征两个方面分析造成外包差异的内外部原因，实证分析各要素的具体影响，以期找出通过提高外包需求来提高外包程度的有效途径，为后面的供求均衡研究打下基础。

5.1 外包需求现状

5.1.1 需求内容

笔者根据水稻的生产过程，将水稻生产分为整地、育秧、插秧、灌溉、施肥、打药、收割7个环节，分别从以上7个环节来探讨水稻生产环节外包的需求状况，经过对江苏、江西、安徽三省实地调查数据的整理和分析，分别得出2010年稻农各生产环节外包的现状如图5-1所示。

从图5-1可以看出，农户在整地、插秧、收割这三个环节的外包需求相对较大，这三个环节有外包需求的农户均占被调查总农户的50%以上，特别是收割环节，有需求的农户比例超过了95%。而育秧、灌溉、施肥、打药这四个环节的外包需求相对较小，这四个环节有外包需求的农户均占被调查总农户的50%以下，特别是施肥和打药环节，有需求的农户比例不到15%。

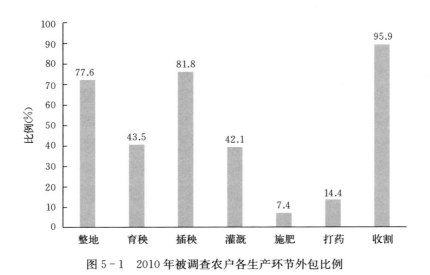

图 5 - 1 2010 年被调查农户各生产环节外包比例

5.1.2 需求主体

　　水稻生产环节外包中的需求主体不是统一和抽象经济行为主体，而是具体、现实的稻农或稻农组成的家庭，而这些稻农或家庭作为理性经济人，在生产环节是否外包的决策上与其他经济活动一样，都是一种收益最大化的理性行为，受到各种外界条件的制约。这些农户和家庭具有不同的特征，如不同年龄结构、不同家庭经营规模、不同收入水平、不同地域特征等。而上述不同特征的需求主体偏好存在较大差异，从事各种劳动的机会成本也不尽相同，因此不同环节下，不同特征的需求主体其实际需求也存在明显差异。

　　从年龄分布来看，外包比例随需求主体年龄的增大先减少后增加，呈明显的 V 形。处于较年轻年龄段的稻农对于新种植方式接受程度较高，且自身种植偏好较低，因此外包比例处于较高水平；而 55 岁以上的稻农非农就业渠道减少，积累了较多种植经验和技术，且相对年轻稻农更能吃苦，因此更倾向于自我种植，特别是 60～70 岁年龄段的稻农外包比例极低；大于 70 岁的稻农由于自身体力不足等原因，对劳动力的替代逐步提高，外包比例又出现上升（图 5 - 2）。

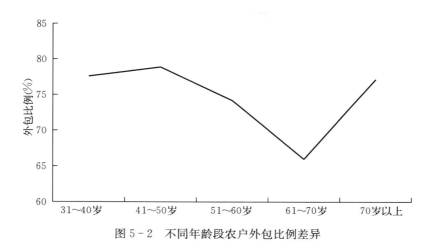

图 5-2 不同年龄段农户外包比例差异

上述外包比例的年龄差异在不同环节间也存在差异。以整地环节和施肥环节为例，经过比较可以发现，整地需求年龄差异不大，均处于较高的外包水平；而施肥需求年龄的年龄差异与外包整体需求变动接近，说明施肥环节的外包需求富有弹性，且这些富有弹性的环节决定了整体外包的比例，类似富有弹性的环节还有插秧环节和病虫害防治环节（图 5-3）。

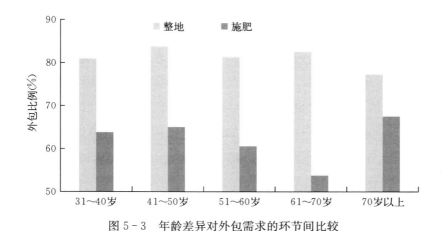

图 5-3 年龄差异对外包需求的环节间比较

从学历分布来看，学历差异对外包需求总体影响差异不大，只有占总数比例较少的高学历稻农外包比例明显较高。这是由于学历最高部分的稻农从事非农就业机会更大，而其他层次的学历对就业、种植方式、种植决策影响都不大，主要跟随农技员的指导和示范户的建议选择品种技术以及是否外包（图 5-4）。

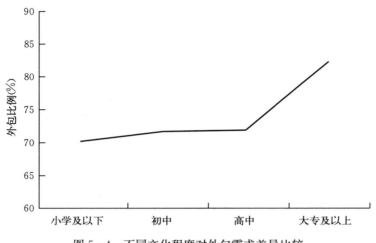

图 5-4　不同文化程度对外包需求差异比较

从收入水平来看，外包比例波动剧烈，而且两极分化，外包程度较高的是年收入 2.5 万～3.5 万元和 4.5 万元以上的农户，而年收入 1.5 万元以下和 3.5 万～4.5 万元的稻农外包比例极低。笔者认为，年收入水平最低的稻农收入来源主要来自务农收入，且由于耕地面积较少，家庭内部劳动力能够胜任劳动，因此外包较少；收入水平从 1.5 万～3.5 万元/年的提高过程，反映的是稻农户均耕地面积的提高，而技术和管理水平的制约导致稻农更倾向于选择将部分环节外包；当收入水平提高到 4.5 万元/年时，农户的收入增加的主要原因并不是因为面积的增加，而是因为自身技术的提高导致种植成本较低，因此自我耕作是更好的选择，所以外包水平又显著下降。根据我国人均耕地的实际情况，收入水平的再次提升则只能依靠非农就业，因此，收入水平最高的人群花在非农就业上的时间较高，而农业劳动就通过外包给其他人来完成（图 5-5）。

图 5-6 是不同收入水平下插秧环节和收割环节外包水平差异。收割

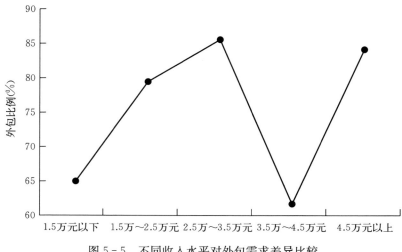

图 5-5 不同收入水平对外包需求差异比较

环节外包水平整体处于较高水平，与收入水平变化差距不大，而插秧环节的外包比例与收入水平变化存在明显关系，且波动情况与整体波动接近，说明收割环节需求弹性较小，而插秧环节则更容易受其他因素影响。

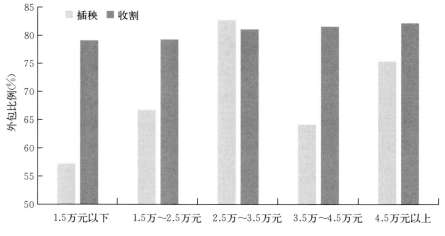

图 5-6 不同收入水平下外包需求的环节间差异比较

从种植规模变化来看，图 5-7 反映了外包比例整体随种植规模增加而增加，说明耕作面积越大劳动力和技术的替代需求越迫切。因此，一定程度上的土地整合有助于外包的顺利实施，进而推进技术的采纳。

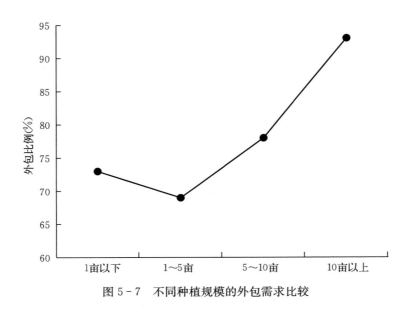

图 5 - 7   不同种植规模的外包需求比较

5.1.3   需求方式

通过调查发现，目前农业生产环节外包供给方式呈现多元化，笔者将生产环节外包的供给方式分成了七类：政府部门、协会或合作社、村里统一、个体经销公司、本地人、外地人以及其他。对调查数据进行统计分析后发现，同一生产环节农户对各外包供给方式的需求差别较大，并且不同的生产环节之间农户对同一外包供给方式的需求差别也较大。整地、插秧、施肥、打药和收割这五个环节农户最希望由本地人来提供外包服务，而在育秧环节则最希望由协会或者合作社来提供外包服务，在灌溉环节最希望由村里统一提供服务。由此可以得出，相比较而言，农户比较信任当地人提供的外包服务。

5.1.4   需求特点总结

基于前面的分析，结合实地调研的收获，笔者归纳出目前我国农业生产环节外包的需求具有如下特点：

（1）劳动密集型的生产环节外包需求大于其他环节   通过对各生产环

节的外包需求对比后发现，农户对整地、插秧和收割等劳动密集型生产环节的需求相对较大，而对施肥和打药等技术密集型生产环节的需求相对较小。笔者通过与农户的交谈后发现，农户对施肥和打药环节需求较小的原因主要有：①每季作物的整地、插秧和收获等环节为一次性需求，而施肥和打药环节具有多次需求的特点，因此施肥和打药环节的定价机制与服务模式必然会相对复杂；②施肥和打药环节既非劳动密集型环节亦非技术密集型环节，农户无需借助外力就能自己独立完成这两个环节的工作。因此，农户迫于生产成本的压力对这两个环节的需求较小。

（2）年龄相对较大和较小的农户对生产服务外包的需求相对较大 从以上分析可以看出，年龄处于31～40岁与71～80岁两个年龄段的农户外包服务需求相对其他年龄段要大，可能的原因是年纪较大的农户由于自身劳动能力的限制，必须借助外力来完成农业生产，因此对外包服务的需求较大；而年纪较小的农户大多是兼业的，因此基于机会成本的考虑，他们对外包服务的需求较大。

（3）不同的生产环节农户对外包供给方式的需求不同 整地、插秧、施肥、打药和收割这五个环节均属于劳动密集型环节，出于信任的考虑，农户更愿意选择各方面均较熟悉的本地人来提供服务，而育秧则属于技术密集型环节，农户更倾向于选择协会或合作社等具有技术优势的组织提供服务。同时，灌溉则由于设施具有公共品的性质，农户更希望政府来提供统一的服务。

5.2 需求影响因素分析

稻农在水稻生产环节对外包的需求可以通过农户是否选择购买各环节的外包服务来表现，因此笔者将基于古典经济学的"理性经济人"假设，假设农户在水稻的种植经营过程中是综合考虑成本收益的"理性经济人"，然后利用二元 Logistic 对影响农户外包需求的行为进行实证分析，找出农户基本特征和种植环境等因素对农户生产环节外包需求的影响。

5.2.1 分析框架

理性经济人假定是经济学家在做经济分析时关于人类经济行为的一个基本假定，意思是作为经济决策的主体都充满理性，即所追求的目标都是使自己的利益最大化。具体说就是消费者追求效用最大化、厂商追求利润最大化、要素所有者追求收入最大化、政府追求目标决策最优化，而在本研究中的稻农作为"理性经济人"是指农户在水稻生产过程中是作为理性经济人存在的，其理性经济目标是更高的经济收入或者闲暇福利。因此，水稻生产环节外包的实质是水稻种植农户作为"理性经济人"在诸如自身文化和技术、家庭实际情况、外包服务市场供给情况等既定的约束条件下所做的生产决策。由此可以假设农户是否将水稻生产的某一环节进行外包的意愿函数为：

$$F(R)\begin{cases}1, & R=\Delta E(\alpha_1, \alpha_2, \cdots, \alpha_n)-\Delta C(\beta_1, \beta_2, \cdots, \beta_3)>0 \\ 0, & R=\Delta E(\alpha_1, \alpha_2, \cdots, \alpha_n)-\Delta C(\beta_1, \beta_2, \cdots, \beta_3)\leqslant0\end{cases}$$

$$(5.1)$$

式中，$F(R)$ 为稻农选择外包行为，当 $F(R)=1$ 时，表示稻农至少选择了水稻生产过程中的某一环节进行外包，当 $F(R)=0$ 时，表明稻农没有选择任何外包完全自己耕作；R 为农户预期净收益的提升；$\Delta E(\alpha_1, \alpha_2, \cdots, \alpha_n)$ 为稻农外包后带来的收入增加；$\Delta C(\beta_1, \beta_2, \cdots, \beta_n)$ 为稻农外包所必须付出的成本；α_i、β_j 分别为影响稻农收入和成本的各种变量。从该函数可以看出，只有当稻农选择外包后的净收益增量大于成本增量，稻农才会选择外包行为。外包增加的净收益可以被认为是稻农闲暇或者是外出务工等更低机会成本的工作所带来的福利收益，这部分变量与稻农自身条件和家庭状况密切相关。外包带来的成本增加主要受整个生产环境和外包服务供给影响。

5.2.2 可能的影响因素及其作用方向

基于上述理论框架以及对前人研究成果的借鉴参考，笔者共选取农户基本特征、家庭基本特征、种植环境基本特征 3 个方面进行研究。

5.2.2.1 农户基本特征

在我国，农户的农业生产是以一家一户的小农生产为主的，所以是否选择将某一生产环节外包是家庭做出的抉择，而户主在家庭决策中起到至关重要的作用。因此，本研究的农户基本特征主要围绕该农户中户主个人特征，包括性别特征、年龄特征、教育特征、技能特征，并以户主性别代表性别特征、种稻年限代表年龄特征、户主受教育程度代表教育特征、是否拥有一门手艺代表技能特征。一般认为，户主的生产效率越高、稻龄越长，更不愿意选择将生产环节外包。相反的，受教育程度和农户拥有手艺在一定程度上与农民的非农就业能力成正比，因此与外包行为正相关。

5.2.2.2 家庭基本特征

由于我国农村的家庭观念十分浓厚，虽然生产行为主要由户主作出决策，但是户主的决策依然很大程度上受到家庭情况的影响，如家庭劳动力数量、是否有老人或学龄子女等因素将会影响到农户行为的决策。本研究在家庭基本特征方面主要涉及的变量包括劳动力特征、人口特征、规模特征以及收入特征：①劳动力特征，前人的研究认为家庭富余劳动力数量越多，则农户越倾向于自己完成生产劳动，实际上劳动力是否富余还要看家庭种植规模大小，因此本研究将单位面积上平均务农劳动力数量（单位：人/亩）作为衡量劳动力特征的标准；②人口特征，笔者以家庭中是否有老人或者学龄子女代表人口特征，可以认为如果家中有老人或者学龄子女，农户可能会因为要留下来照顾家庭成员而放弃务工机会，最终选择不外包；③规模特征，由于规模经济的存在，种植规模越大的农户其生产效率也更高，从而更倾向于自己耕作，以种植面积反映规模特征；④收入特征，本研究以水稻种植收入占总收入的比重作为收入特征的量化指标，可以预测，非农收入比重越大的农户可能越倾向于务工，从而选择将生产环节外包，以换取更多的时间外出务工。

5.2.2.3 种植环境特征

除农户自身和家庭的影响外，周围生产环境对农户的影响也是较大的。在环境特征方面，笔者选择是否有组织或个人提供相应服务、是否有土地在示范田内以及是否有邻居选择外包作为主要变量。根据农户的从众心理，若有邻居选择了外包，则相应的农户选择外包的可能性就会增大。

5.2.3 数据来源与描述性统计

值得一提的是，与现状描述中所选数据来源于 2011 年江苏、安徽、江西三省不同，笔者对影响因素实证研究的数据主要来自 2010 年对江苏省溧水、洪泽、靖江三县市水稻种植户的调研。被调查的三县市分布于江苏省的苏北、苏中、苏南三个地域，这三个地域经济发展水平不同，水稻种植的规模、劳动力流转以及政府的支持程度存在较大差异。因此，选择上述地域进行抽样调查具有较强的代表性，由此得出的结论也将具有普遍参考意义。

调查从三个县市随机抽取了十余个乡镇的 30 多个自然村，对这些自然村的部分农户进行了实地问卷调查，共发放问卷 350 份，回收有效问卷 322 份，有效率约为 93%，其中溧水收回有效问卷 93 份，洪泽收回有效问卷 108 份，靖江 121 份，苏南、苏中、苏北问卷数量接近 1∶1∶1。此外，在受调查的农户中，有 39 人是村干部，约占受调查农户的 12%。调查样本基本情况详见表 5-1。

表 5-1　农户基本信息统计

样本基本情况	调查类别	调查数量（户）	比例（%）
县市分布	靖江	121	37.58
	溧水	93	28.88
	洪泽	108	33.54
农户类型	普通户	115	35.71
	示范户	207	64.29
	村干部	39	12.11
户主性别	男	293	90.99
	女	29	9.01
户主文化程度	文盲	25	7.76
	小学	81	25.16
	初中	127	39.44
	高中	64	19.88
	大专及本科以上	25	7.76

（续）

样本基本情况	调查类别	调查数量（户）	比例（％）
	早稻	0	0
水稻种植类型	中稻	322	100
	晚稻	0	0

注：村干部中既有示范户也有非示范户，因此村干部比例与是否示范户分开统计。数据由笔者课题组实地调查所得。

从调研整体情况上看，江苏省水稻生产环节外包具备两个明显特征：①不同地区外包环节的侧重各不相同；②雇佣收割已成为江苏省水稻收获的主要方式，而病虫害防治整体外包程度相对较低。

从表5-2可以看出，不同县市稻农侧重的环节并不相同。以靖江为例，其在育秧环节和移栽环节外包程度分别超过了20％和30％，明显高于分别位于苏南和苏北的两个水稻示范县的外包程度，而病虫害防治环节的外包程度又低于示范县13％的外包水平。这可能是由于靖江作为水稻生产非示范县，农户收入主要依赖务工收入而非水稻种植收入，因此在选择外包时，靖江的稻农偏向于选择耗时长、耗工多的环节。而从环节外包程度来看，将收获环节外包已成为江苏省水稻收获的主要方式：无论是经济发达的溧水，还是经济相对不发达的洪泽，抑或非示范县的靖江，都有超过94％的种植户选择雇佣收割，远超病虫害防治环节仅10％左右的外包程度。

表5-2　江苏省三县市环节外包情况

地区	育秧环节		移栽环节		病虫防治		收获环节	
	数量（户）	比例（％）	数量（户）	比例（％）	数量（户）	比例（％）	数量（户）	比例（％）
靖江	26	21.49	41	33.88	11	9.09	114	94.21
溧水	17	18.28	29	31.18	13	13.98	89	95.70
洪泽	14	12.96	28	25.93	15	13.89	103	95.37
合计	57	17.70	98	30.43	39	12.11	306	95.03

数据来源：根据笔者课题组实地调查数据统计所得。

表5-3是示范户与非示范户外包程度的比较。从表5-3可以看出大多数稻农（95.17％的示范户和97.39％的非示范户）都选择将生产中一

个以上的环节进行外包。经过笔者更进一步的统计发现，在选择一个环节外包的 163 名示范户中，仅有 1 名示范户选择的是育秧服务，其余示范户均选择的"雇佣收割"。

表 5 - 3　不同农户类型外包情况

农户类型	没有选择外包		选择一个环节外包		选择多个环节外包	
	数量（户）	比例（%）	数量（户）	比例（%）	数量（户）	比例（%）
普通户	3	2.61	74	64.35	38	33.04
示范户	10	4.83	163	78.74	34	16.43
合计	13	4.04	237	73.60	72	22.36

数据来源：根据笔者课题组实地调查数据统计所得。

5.2.4　模型选择与回归

本研究选择二元 Logistic 模型对影响农户是否选择外包的各种因素进行实证分析，具体模型形式如下：

$$P_i = f\left(\alpha + \sum_{j=1}^{m}\beta_j X_{ij}\right) = \frac{1}{1 + \exp\left[-\left(\alpha + \sum_{j=1}^{m}\beta_j X_{ij}\right)\right]} \quad (5.2)$$

该模型中，各变量的构成特征及取值见表 5 - 4。

表 5 - 4　变量取值情况及构成特征

解释变量名称	取值	均值	标准差	极值
户主性别	男=1、女=0	0.91	0.287	0/1
种稻年限	实际调查数据（单位：年）	29.11	10.242	2/60
户主受教育	文盲=1、小学=2、初中=3、高中=4、高中以上=5	2.95	1.035	1/5
是否拥有一门手艺	是=1、否=0	0.450	0.498	0/1
家庭劳动力	家庭亩均劳动力（单位：人/亩）	2.780	1.008	1/6
家中是否有老人或学龄子女	有=1、无=0	0.840	0.366	0/1
种植规模	实际调查数据（单位：亩）	11.453	32.292	1/478
是否有土地在示范田内	有=1、无=0	0.230	0.419	0/1
家庭收入结构	种稻收入占总收入比例	0.338	0.338	0/1
是否有邻居选择外包	有=1、无=0	0.560	0.497	0/1

数据来源：根据笔者课题组实地调查数据统计所得。

运用 SPSS17 统计软件对上述 322 个有效样本数据进行 Logistic 回归处理，得到各因素对稻农是否选择外包行为产生的影响大小。为比较示范户与非示范户之间的差异，在对总体样本进行回归之后，将样本按示范户与非示范户进行划分，然后再分别进行回归，由此比较各因素对示范户和非示范户的不同影响。模型统计结果见表 5-5。

表 5-5　模型回归结果

影响因素名称		总体样本回归结果	示范户样本回归结果	非示范户样本回归结果
农户基本情况	户主性别	−0.879**	−2.059	−0.603***
		(0.020)	(0.999)	(0.008)
	种稻年限	0.008*	0.002	0.012*
		(0.098)	(0.922)	(0.077)
	户主受教育	0.158*	−0.138**	0.315*
		(0.064)	(0.012)	(0.079)
	是否拥有一门手艺	0.141*	−0.390	0.390**
		(0.089)	(0.384)	(0.025)
农户家庭基本情况	家庭务农劳动力	−0.125*	−0.247	0.059**
		(0.056)	(0.593)	(0.036)
	家中是否有老人或学龄子女	0.305	−0.582	0.648
		(0.357)	(0.359)	(0.120)
	种植规模	0.002	0.004	0.001
		(0.985)	(0.851)	(0.867)
	家庭收入结构	0.223***	0.539*	0.176*
		(0.004)	(0.091)	(0.076)
外包环境基本情况	土地是否在示范田	0.280	0.198	0.656
		(0.331)	(0.848)	(0.357)
	是否有邻居外包	0.416	0.099	0.653**
		(0.109)	(0.827)	(0.048)
	所处县市	−0.890	−0.419	0.062
		(0.283)	(0.186)	(0.783)

注：第一行表示回归系数，即各变量的影响大小；第二行为 P 值，即各变量的显著程度；***、**、* 分别表示在 1%、5% 和 10% 的水平上通过显著性检验。

5.2.5 影响因素分析

（1）性别特征　从回归系数来看，性别因素对于是否选择外包影响很大。总的来说，女性要比男性愿意选择将生产的某些环节外包。出现这一现象的原因与生产环节外包的原因相同，都是根据自身劳动的机会成本选择从事不同工作，产生分工进而提高效率。女性相比男性在从事农业劳动方面处于劣势，因此更多的女性选择将大田劳动外包；而男性本身劳动能力较强、生产效率更高，因此不愿意选择将生产外包。

（2）教育特征　受教育因素的总体样本回归结果为 0.158，sig 值为 0.064，说明随着接受教育程度的提高，该农户的外包行为也将显著增加。笔者认为学历的提高将有助于农户在城市（或者说非农行业）寻找到收入更高的工作，因此，学历更高的农户越愿意将相对报酬更低的生产劳动外包。但是，是否学历越低的农户越愿意提供相应的外包服务，值得更进一步的研究。

（3）技能特征　是否拥有一门手艺是农户技能的最直接体现，而这一因素的回归结果也与笔者最初的预测一致：拥有手艺与愿意外包呈正向相关。如果农户拥有一门手艺，则不仅农户寻找工作的能力和获得工作机会的能力更强，其从事专门的手艺相关工作获得的报酬也会比种植水稻要高。

（4）劳动力特征　模型中家庭务农劳动力这一变量的回归系数为负，表示家庭亩均农业劳动力越多，则该农户就越不愿意选择外包。这一选择是农户作为理性经济人做出的选择，因为家庭亩均劳动力的劳动成本对于农户而言是沉没成本，利用这些劳动力进行水稻生产的边际成本非常低或者为 0，因此家庭亩均劳动力数量越大则选择利用家庭内部劳动力从事水稻生产的成本越低，也就越不愿意将生产环节进行外包。

（5）收入特征　从收入特征的回归结果来看，农户外包行为与农户的收入结构密切相关，且水稻收入占收入比重越大的农户将生产环节外包越多，这一结论与笔者的预期存在矛盾。通过与稻农的后续交流发现，产生上述结果的原因在于水稻收入占主导的农户往往种植规模比较大，单凭自身无法完成全部劳动量，因此必须"请人帮忙"。

以上是模型中几个较为显著的变量，除此之外，家中是否有老人或学龄子女、是否有土地在示范田内以及种植规模和农户所处县市4个变量对于农户外包行为的影响并不显著。笔者认为这些变量影响不显著的原因略有不同：其中种植规模、人口结构等特征不显著的原因在于，农户是否选择外包的核心在于劳动效率的比较，而种植规模大小、家中是否有老人孩子等与农户自身的劳动效率关系较小，因此农户在进行外包行为选择的时候一般不考虑这些因素。而种稻年龄和地域因素不显著的原因是对于江苏水稻种植户而言，特别是非示范户而言，文化程度普遍较高、更愿意接受新事物和新思想，因此相比种植惯性而言收入变动更受关注，因此种稻年限也不是农户主要考虑的因素。

5.2.6 示范户与非示范户差异比较

总体来看，示范户与非示范户最明显的差异就在于多数因素对示范户外包行为的影响均不显著，这说明示范户的种植行为更趋近于刚性，其种植行为是农户的长期决策，一旦确定之后短期内一般很难受各种内外部因素的影响。相比之下，非示范户的行为更容易受到影响，非示范户也更容易在短期内进行对生产进行调整，因此非示范户在种植选择以及行业进出方面比示范户更灵活，对相关调控政策也会更加敏感。

受教育程度对示范户和非示范户影响都较为显著，但是教育特征对于两者的影响却大相径庭：对于示范户而言，外包行为与受教育程度成反比，对于非示范户而言受教育程度与外包行为成正比。出现这一差别的原因在于，虽然受教育程度的提升都能提升农户的劳动生产率，但是教育特征对两种类型农户的影响机理存在差异：就示范户而言，由于其短期内种植结构很难改变，文化素质提高带来的结果是水稻种植方面劳动生产率的提高（对新技术的采纳和新品种的选择），因此不进行外包效率反而更高；对于非示范户而言，文化素质的提高更多的是带来了非务农就业的机会和非务农收入，降低了其水稻种植方面的相对劳动生产率，因此进行外包会使生产效率更高。

在收入结构方面，两类农户的回归系数都大于 0，且示范户回归系数大于非示范户，说明水稻收入在总收入中比重高的示范户比同样收入结构的非示范户更愿意将生产进行外包。原因在于水稻收入比重大的示范户往往种植面积都非常大，光靠自身劳动肯定不足以完成水稻种植；而水稻收入比重大的非示范户往往处于收入较低的阶层，其非农收入较低、种植规模也较小。

5.3　小结

本部分着重对生产环节外包的需求现状及影响因素进行了研究。通过对外包需求现状分析得出结论：首先，劳动密集型的生产环节外包需求大于其他环节；其次，年龄相对较大和较小的农户对生产服务外包的需求相对较大；最后，不同的生产环节农户对外包供给方式的需求不同。

而在对外包需求影响因素的实证研究中，笔者发现生产环节外包需求主要受到户主性别、受教育程度、是否拥有手艺、家庭劳动力构成、家庭收入结构等因素的显著影响。同时，非示范户对外界变量的敏感性更高而示范户的生产行为较为稳定，大多数能够显著影响非示范户外包行为的因素对示范户的影响均不显著。

6 水稻生产服务供给研究

经济学中的供给是指生产者在某一特定时期内，在每一价格水平上愿意并且能够提供的一定数量的商品或劳务。本部分紧接上一部分对外包需求的研究，将从水稻生产服务供给现状展开对水稻生产服务供给的研究。除对现状统计分析外，本部分还将综合分析评判不同服务供给模式的特征，并对供给能力的影响要素进行剖析，为优化服务供给推进生产环节外包发展夯实基础。

6.1　服务供给现状

6.1.1　供给内容

与需求类似，笔者根据水稻的生产过程，将水稻生产环节外包供给分为整地、育秧、插秧、灌溉、施肥、打药、收割 7 个环节，分别从以上 7 个环节来探讨水稻生产环节外包的供给状况。从调研情况上看，7 个环节的外包服务均有供给者提供。

从图 6-1 可以看出，由于收割环节和整地环节发展时间长，供求市场透明度高，供给价格分别为 75 元/亩左右和 60 元/亩左右；相比之下代育秧和插秧（特别是机插秧）受地方政府补贴影响，供给形式和供给价格的地区间差异较大，江苏省地方政府补贴远远高于其他两省；而灌溉由于当地水利条件和基础设施影响，供给方式在村与村之间就存在极大差异，供给价格从每年 15 元/亩到 100 余元/亩不等，因此图中没有对该环节进行统计。

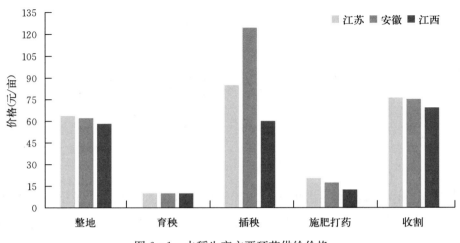

图 6-1 水稻生产主要环节供给价格

6.1.2 供给主体

我国水稻生产环节外包服务的供给主体按供给者类型分类,可以分为散户、大户、农技员、合作社等。

散户主要是由农村闲置劳动力构成,以个人或者家庭为劳动力供给单位,为周边农户提供简单的人力生产服务,这种外包供给方并没有明显的技术优势,主要以互助为目的,灵活机动,对于突发性事件具有快速应变能力,契约主要靠人情关系约束。

大户供给主要是一些种植能手或者示范户,在完成个人的农业生产以后,对周围其他的农户进行以技术指导为主的外包服务供给,大户往往在品种、化肥、农药选择上相对普通农户具有明显优势,且机械化程度高,以大户为主体的外包服务供给主要就是一种农业推广的示范作用,具有技术外溢性。

在部分发达地区,生产环节的外包并不是单独环节外包也不是单个农户的外包,而是"整育插一条龙""统防统治"等,而上述形式外包的供给主体就是基层农技员。这种供给主体享受的政府补贴较多,市场化不足,与农民实际需求契合较低,发展不太完善,目前主要是为完成政府指标性工作而存在。

合作社作为供给主体所提供的外包服务较全面，既贴近农民需求又拥有技术优势，同时在政策和资金上也能获得政府支持，但是目前我国农业生产社会化组织发展处在起步阶段，合作社制度不规范、管理人员能力不足等因素及资源配置上存在诸多问题导致目前合作社供给占市场实际比例较小。

6.1.3　外包供给特点

（1）劳动密集型的生产环节供给能力大于技术密集型环节　由于目前外包服务供给方个人劳动力能力的约束，主要利用机械从事外包服务，而机械对于劳动密集型的环节有较好的替代能力，且劳动密集型环节对机械要求不高，以整地为例，各类型的拖拉机进行简单改装之后都能够胜任整地、平地任务。相比之下，各种技术密集型环节的机械对人力依然要求较高，以农药喷洒为例，一般一个农药喷洒机械需要 3 人以上进行协作，且本身替代效果并没有明显的绝对优势或比较优势。供给者在供给更为方便、相对成本更低的劳动密集型环节上的供给能力大于在技术密集型环节的供给能力。

（2）劳动密集型的生产环节供给意愿大于技术密集型环节　笔者在调查中发现，技术型环节除在供给能力上不如劳动型环节外，供给者的供给意愿也相对较低。由于劳动密集型环节主要集中在生产的前期和后期，对产量影响较小，且对于服务效果能够有直观的评价，如土地平整情况、收获效率等；相反集中在生产关键时期的技术型环节由于效果的滞后性及较高监督成本，导致容易产生纠纷，因而供给者对于技术型环节的供给意愿较低，缺乏积极性。

（3）不同供给主体在不同生产环节的供给效率不同　不同供给主体的供给能力、技术水平、市场控制能力以及利益点各不相同，因此不同环节的供给效率也存在极大差异。一般，合作社在施肥、育秧插秧等环节供给效率较高。相比之下，农技站作为农业科技推广的重要阵地和科技成果转化的关键节点，农技员具备相对先进的技术、仪器以及丰富的经验，对病虫防治更为专业，并对自然灾害等相关信息的掌握及时充分，因此在统防统治等环节具有显著的优势，效率较高。

6.2 服务供给模式评价

我国实行以家庭承包经营为基础的双层经营体制以来，农户成为农业经营发展的基本单位，但是我国人多地少，农户经营规模较小，农业的现代化发展迫切要求农业内部的分工与协作，实现不同生产环节之间的外包协作。本部分根据不同的外包供给主体，将外包供给分为政府供给、集体供给与私人供给三种模式，并分析不同外包供给模式的形成及运行特点。

6.2.1 政府供给模式（农技站）

由政府为主体的外包供给主要源于我国农业技术服务体系。农业技术服务是指根据国家制定的农业技术服务规划目标，中央及地方政府制定农业技术服务方案，由相关部门提供人力、物力、财力支持，以涉农政府部门或国家农业技术部门作为技术服务主体，为农业生产提供技术服务的模式，主要包括农技站、农机站等以良种供应、技术推广为重点的公益性服务部门。随着农业生产中环节外包的出现，农业技术推广部门与乡镇、村集体的合作由原来的示范推广延伸到环节外包协作，通过与乡镇、村组织的纵向合作，将技术推广与农业生产环节外包融合在一起，不仅起到示范推广的作用，而且推动农业技术市场化发展，直接转化为农业生产力，推动农业发展。

以政府为主体的外包供给模式有以下优点：第一，政府部门通过人力、物力、财力的集中，能有效保证外包环节所需的资源，对农户生产经营有着重要影响的环节重点突破。如育苗工厂的建立、大型农业机械的供应等。第二，政府部门外包环节的供给是多部门之间的合作。一方面农业技术推广部门拥有最先进、最有效的生产技术，能迅速将农业生产技术通过外包供给农户，如水稻的育秧、插秧环节，机械插秧对秧苗的质量要求比手插秧秧苗更高——苗龄、苗高等都要求严格一致，普通农户的育秧技术难以满足农业生产的需要；另一方面，乡镇、村组织联系着最广大的农民主体，以农技推广体系为服务主体的外包供给具有公共品性质，大多数稻农能够通过环节外包供给获益，增加了农户享有农业生产技术进步的范围与机会，扩大了农业技术推广受益群体。

同时，政府为主体的外包供给模式也存在着明显的不足：第一，以政府为主体的环节外包，其资源投资缺乏竞争的压力，导致经营动力不足，容易造成环节供给不到位；同时由于横向竞争不足，因此环节外包供给质量较差，使农户处于被动接受地位。第二，由于我国的农技服务体系不甚健全，在缺乏有效的激励约束机制的背景下，各部门缺少成本最小化动力，因此生产经营成本相对较高，易造成政府部门超负荷负担。第三，由于信息不对称，导致政府部门供给的环节服务不能很好适应农户需求，容易出现供需不平衡。

6.2.2　社会化组织供给模式（社会化组织）

社会化组织供给模式是指由政府支持推动或者农业经营者自发组织形成的外包供给组织。组织由农户直接参与，代表农户利益；组织形式有专业协会、专业合作社，如农业机械合作社、水稻生产合作社等。社会化组织供给模式以非营利性、公益性、自治性为特征，通过组织成员自助筹资参与外包环节生产服务，外包供给是组织自身需求及利益的实现。在组织运作的过程中，可以通过寻求政府财政补贴，为组织成员提供支持与帮助。在经营过程中，组织成员享受外包环节供给中获得盈利，形成利益共享合作机制。

社会化组织供给模式的优点有：第一，社会化组织供给模式的组织性较强，组织不以营利为目的，通过广大组织成员合作互助，谋求组织成员的最高利益。因此，组织具有良好的激励机制，促进社会化组织发展生产环节外包服务。第二，社会化组织供给模式提供的服务质量较好。社会化组织与农户之间有着直接联系，能真正了解农户的需要，为农户提供针对性强、适用性更好的环节外包服务。第三，社会化组织供给模式灵活多样。外包供给时有低成本、高水平、多变灵活的优势，在一定程度上可以弥补政府外包供给的资金负担。

社会化组织供给模式的缺点有：第一，组织自身发展不完善。目前，我国农业生产社会化组织发展处于起步阶段，在人、财、物等资源的管理和配置上存在诸多问题，阻碍社会化组织的协调发展。第二，由于当前社会化组织的成立大多借助政府的力量组建而成，客观上削弱了社会化服务组织的独立性，在资金、管理等经营活动上不能独立实现组织的目标。

6.2.3　私人供给模式（大户、农机手）

私人供给模式是以私营个体或企业为外包供给主体，主要包括种植大户、有经营才能的农户、农业企业等，以经营性服务为特征，通过有偿的形式，为农户提供外包生产服务。如掌握农业机械操作技能的农户，购买大型农业机械为其他农户提供机耕、机种、机收等环节外包服务，或者农业企业与农业生产经营主体合作，为其提供配套施肥、打药等环节服务。私人供给模式的最大特点是通过市场的作用进行外包供给，具有明显的竞争性和排他性。

私人供给模式的优点有：第一，私人供给模式以市场为指导，外包供给主体以营利为目的，在市场竞争的压力下，能有效提供适合农民需要、有利于农户生产经营的外包服务。第二，在市场机制的作用下，私人供给模式以价格信号为导向，有利于资源的合理配置，满足农户多样化的需求，解决供需矛盾。第三，有利于供给主体的多元化，私人供给模式的供给主体除了拥有投资能力的公司企业，还包括掌握农业生产环节某项技能的农民或生产种植大户。

私人供给模式的缺点在于：第一，其外包供给具有较强的不确定性。在市场机制的作用下，当市场信号显示该行业有利可图时，供给主体会提供服务；当市场信号显示该行业无利可图时，供给主体会选择放弃外包供给而投资于其他领域。第二，私人供给模式是由分散的个体为农户供给外包，其规模和服务范围容易受到限制，造成地区之间的发展不平衡。如农业机械补贴，经济实力较强的地区，能为农业机械购买提供较大幅度的补贴，从而降低了私人外包供给成本，使农户享受更好的服务；而对于经济能力有限的地区，由于农机购买难以得到补贴或者补贴幅度较小，从而增加了外包供给成本，提高了外包供给难度。

6.3 农业生产服务供给影响因素研究

根据发达国家的农业发展经验，学者一般认为解决我国"三农"问题的最佳途径是实现农业人口向非农人口的转移，因此农村劳动力流动与非农就业问题也一直是中国农业经济学者最为关注的重要课题之一，国内外学者对农户非农就业以及非农生产的相关问题进行了大量的研究。从现有研究成果看，国内外学者主要聚焦于如何利用各种模型对影响农户非农就业的因素进行实证研究，而几乎没有学者研究农户是否愿意提供农业劳动服务，以及是何种因素影响了农户的农业劳动服务的提供。鉴于此，本部分将跳出前人"非农就业"的研究思路，在充分借鉴前人已有研究成果和笔者前面理论分析的基础上，利用决策理论模型和计量模型实证研究影响农业生产服务供给的因素，从而为后面的供求均衡分析提供理论和实证依据。

6.3.1 决策模型构建

在对外包服务供给影响因素进行实证分析之前，笔者首先要构建农户就业决策模型，以分析理性农户的选择行为，为后续实证研究提供理论支撑。

假设农户有两种选择即务农劳动（包括耕作自己的田地和受雇于其他农户两种情况）和非农劳动（主要是进城打工或者进工厂等从事第二、三产业的劳动），且农户在农业劳动中花费的时间为 T_a，在非农劳动中花费的时间为 T_b，若农户劳动力供给的市场是一个完全竞争市场，农户个人力量太小以至于其劳动供给决策不能够影响整个劳动力市场的供给、需求及工资水平，则农户在生产和时间双重约束条件下的最大效用函数 U 可以表示为：

$$U = U(I, T_L) \qquad (6.1)$$

式中，I 代表农户的净收入；T_L 代表农户的闲暇时间，即农户的总效用主要受农户实际收入效用和闲暇效用的影响。假设农户的收入由农业劳动收入、非农务工收入、财产性收入以及政府转移支付四方面构成，则按农户劳动时间及其他生产要素进行拆分可以得到农户的收益函数 I 为：

$$I = P \times Q(K, T_a, \beta) - C(Q, r) + F + G + W \times T_b \quad (6.2)$$

式中，P 是农户生产的农产品价格；$Q(K, T_a, \beta)$ 是农业生产函数，函数中的 K 是农户个体的人力资本储备，T_a 表示农户农业生产的时间，β 表示农户影响农业生产的主要因素；$C(Q, r)$ 是农业生产成本函数，函数中 r 表示投入要素价格；F 表示农户财产性收入；G 表示政府对农民的补贴；W 表示农户外出务工的工资水平；T_b 表示农户花在外出务工的时间。

假设农户的时间由务农、务工、闲暇三部分组成，则农户可支配总时间 T 的约束条件可表示为：$T = T_a + T_b + T_L \geq 0$。

此外，还要假定资本在短期内为固定，且各效用函数与生产函数均为凹函数，以保证上式存在最优解，使农户存在效用最大化选择。同时，由于农业生产中的要素投入和产品价格一般处于波动状态，所以农业收入的不确定性可认为是一种常态，且假设此种波动服从均值为 μ、方差为 σ^2 的正态分布。基于上述假设，可以得到农户的效用期望函数：

$$EU(I) = \int_{-\infty}^{+\infty} -e^{-\partial[PQ(K,T_a,\beta) - C(Q,r) + F + G + WT_b]} \times ke^{\frac{(p-\mu)^2}{s^2}} dP \quad (6.3)$$

式中，k 是一固定值，为 $\sqrt{2I}\sigma$。于是效用期望函数可以转化为：

$$\theta = E(I) - \frac{\alpha}{2}\sigma_I^2 \quad (6.4)$$

即：

$$\theta = \mu Q(T_a, K) - C(Q, r, \beta) + WT_b + F + G - \frac{\alpha}{2}[Q(T_a, K)\sigma_P^2] \quad (6.5)$$

假设农户是否选择休闲的决策是外生且固定的，则用时间约束函数替

代 T_b，其效用最大化的一阶条件为：

$$Q\left(\mu-\frac{\partial C}{\partial Q}\right)-W-\alpha\left[Q(T_a,K)Q\sigma_P^2\right]=0 \qquad (6.6)$$

式中，Q 代表 dQ/dA。若农户是风险规避型的保守农户，由于 (6.6) 式中，第二项 "$-W$" 和第三项 "$-\alpha[Q(T_a，K)Q\sigma_P^2]$" 为负，所以第一项 "$Q\left(\mu-\dfrac{\partial C}{\partial Q}\right)$" 必然为正，对 (6.6) 式关于 A 和 σ_P^2 进行全微分求解 $dA/d\sigma_P^2$，可得：

$$\frac{dA}{d\sigma_P^2}=\frac{aQQ_A}{\left[Q_{AA}(\mu-MC)-Q_A^2\,\dfrac{\partial^2 C}{\partial Q^2}-\alpha\sigma_P^2(Q_A^2+Q_{AA})\right]} \qquad (6.7)$$

依据效用最大化的二阶条件可知上式中的分子为正，同时由于分母必然为负，则给定 L 不变时有：

$$\frac{dA}{d\sigma_P^2}<0 \qquad (6.8)$$

由上式可得到结论：逐渐增加的农业收益反而会减少农户在选择提供农业服务的时间投入，转而增加其非农就业的投入时间。值得一提的是，上述结论有一个前提假设，即农户与其配偶的劳动力资源配置是相互独立的，即农户个体劳动力资源配置的决策行为不会对其配偶的决策行为产生相互影响。

可以通过图 6-2 更直观地表达和扩展上述理论模型推导的结论。假定农户休闲的决策与农户劳动力资源配置是相互独立的，即农户劳动时的农业服务供给与其从事非农劳动的比例不受闲暇决策影响，不同类型农户就会根据其实际技能、就业机会、边际预期收益或工资水平等产生的机会成本差异来配置其劳动力资源，进行农业劳动或非农劳动决策。如图 6-2所示，假设劳动力市场中只有农业劳动和非农劳动可以选择，且农户拿出 OO' 时间从事劳动。由于市场完全竞争，农民外出务工工资水平短期内不变，恒定为 $W_工$，由于目前我国水稻生产不存在显著的规模效应，甚至规模报酬递减（许庆，2011；李寅秋，2011），因此农户的务农收益 $W_农=\phi(TA)$ 是递减的函数。稻农作为理性经济人，劳动收益越高其效用越大，则其效用最大化时的最佳劳动配置方案为：利用 OA 时间提供农业生产服务，AO' 的时间从事非农工作以争取更多的收入。但是由于稻农之间存在个体差异，如身体状况、种植经验、管理水平、专业技能、是否有大型机械等，而上述差异又将改变稻农务农收益函数形状、位置等，因此不同稻农收益函数不同，其决策也会发生改变，如 $W_{农1}$ 和 $W_{农2}$ 就是存在个体差异的稻农 1 和稻农 2 的务农收益函数，可以看出其决策也大相径庭：对于稻农 2 而言，由于其农业劳动能力较差，选择从事非农劳动才能获取更多的收入，因此其在农业中只投入极少的劳动力（自留地的劳动）或不投入劳动力；与稻农 2 相反，由于稻农 1 农业劳动能力较强，边际报酬递减速度较慢，其在农业劳动方面的劳动报酬率较高，因此这类型的农户往往会选择将大量的劳动时间分配到农业劳动中（提供农业生产服务），水稻生产示范户就是这类型农户的代表。

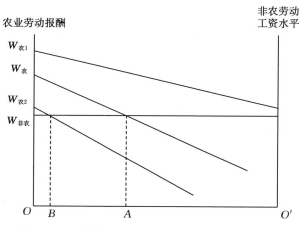

图 6-2　不同类型农户的劳动力资源最优配置决策

6.3.2　影响因素分析

由前面的分析可以得知，不同农户愿意做出劳动力的资源最优配置结果不同，因此研究何种因素实际影响了农户的农业生产服务供给决策尤为重要。但是稻农从业决策及其就业行为变化是一个比较复杂的经济行为，它是由微观和宏观两个层面上的各种不同的经济社会条件、人文历史氛围甚至区位交通情况多因素交互作用的结果。根据拜纳姆（H. N. Barnum）等 1979 年提出新古典农户经济学理论，理性农户利益最大化的实现途径是家庭整体效用的最大化，同时农户自身兼任"农业生产者""非农劳动者"以及"消费者"三种身份，其农业生产和非农劳动、消费需求之间存在着相互影响的联动关系，所以农民的农业生产劳动和非农生产劳动"密不可分"。之后 Singh 等在将上述理论进行了发展，将农户的冬夜生产和非农劳动纳入了一个整体分析框架。Bowlus 等（2003）证明了农户劳动力的农业劳动与非农劳动在中国存在明显的"不可分性"。因此根据上述理论，农业生产不仅影响了农户的农业劳动投入，也影响着农户在非农部门的劳动投入，农业劳动与非农劳动二者之间存在密切的联动关系。由此可以得出，农业劳动与非农劳动的比较报酬是影响农民就业行为的关键因素之一，若非农部门的比较报酬较高，则农民就会增加非农劳动投入；反之，如果农业的比较报酬较高，则农民就会更倾向于从事农业生产劳动。

实际上影响农业劳动报酬的具体因素在农业生产中有很多，如生产成本和农产品销售价格等。除此之外，土地经营规模和政府的农业政策也是影响农民是将其时间花在"田间劳动"还是"工厂做工"上的重要因素。Keeney（2000）和 Ahearn（2006）的研究表明，在政府实行农业支持政策的情况下，农业补贴水平提高将有助于农民劳动力由非农劳动向农业劳动转移；肖海峰（2005）也认为近年来中国实行的粮食补贴等政策对调动农民种粮积极性和促进粮食生产发挥了显著的作用。

劳动者个人的就业行为也受到其自身人力资本禀赋的影响和家庭结构因素的影响。首先，国内外众多研究表明，身体健康状况良好、受教育程度较高、年龄较轻或具有某种专门劳动技能的农村劳动力，由于具有较高的人力资本禀赋，将更倾向于从事各种非农产业劳动，相应农业劳动投入较少。Sjaastad（1962）的研究就表明，人力资本禀赋变量就会成为影响农民非农就业活动的活跃因素；赵耀辉（1999）也认为，具有较高人力资本禀赋的农村劳动力，农村非农产业将是其就业的优先选择领域。相比之下，积累了多年农业耕作经验、具备相应的农业生产技术和田间管理技术、拥有各种大型农业劳动机械的农户则更倾向于从事农业劳动或者说农业生产服务。

根据拜纳姆的理论，中国农村劳动力的就业决策也与家庭利益最大化联系在一起，理性农民也是以追求家庭收入最大化为直接目的。因此，家庭劳动力数量、家庭农业经营规模、家庭收入水平与收入结构、家庭负担程度等因素在很大程度上影响着农民个体的就业行为。其中，人均耕地经营规模较大的农民家庭，由于农业生产对劳动力的需求较大，因而其成员的非农就业意愿就可能相对偏低。

此外，如果农村家庭拥有更多的未成年人和老年人，则该家庭需要承担的抚养和赡养工作量也更大。理论上，非农劳动的工作距离一般较农业劳动远，因此若家庭中留守的未成年人和老年人越多，家庭主要劳动力从事非农劳动的选择就会受到一定限制。同样，如果农村家庭中有残障人士，家庭主要劳动力也可能会更倾向于将剩余可支配农业劳动时间用于离家更近的农业生产服务供给。

最后，还应该考虑到农户劳动力的就业方向可能受到家庭所在地及就业地点等区域因素，特别是区域就业机会、区域经济因素、区域交通情况等的影响。例如，居住在经济相对发达的地区或在城市附近的农户的非农就业机会较多，且劳动就业信息资源相对丰富，这将直接影响这类农户的农业劳动的机会成本，促使其放弃农业劳动而选择非农就业。

基于上述理论思考以及对前人研究的总结借鉴，笔者将影响农民从事农业生产劳动的主要因素归纳为个人特征变量、家庭特征变量、农业劳动特征以及地域经济特征变量。由于国内外的许多知名学者对传统的其他重要变量的影响（如教育、年龄、家到城中心距离等）已经进行了透彻的研究，因此笔者假定这些因素的影响已知，而在本研究中笔者将不再赘述上述传统变量，而把研究的重心放在其他前人很少考虑的变量上。笔者在调研中发现稻农在判断自己生产服务供给时总是提到，"我种了20多年稻子了""我家有久保田收割机，1天能收100多亩""去年我帮人种了好几十亩田"等，因此将农户自身的评价标准进行归纳和总结，形成了包括稻农的种稻年限、农机保有量、曾经管理过的最大面积、可支配劳动力、所在地区水稻类型（单季稻还是双季稻）、家庭收入结构在内的6个解释变量。

由于各生产环节技术特点、生产方式存在较大差异，所以笔者将各环节的生产服务供给面积作为被解释变量，以分析不同因素在不同生产环节产生的影响差异。具体变量以及笔者对于这些变量对因变量的影响预期参见表6-1。

表6-1 农业生产服务供给量影响因素及影响预期

变量名称	变量符号	说明	预期影响
家庭经营面积	$Land$	家庭种植面积，单位：亩	?
务工收入占总收入比例	Inc	上年务工收入除以总收入	—
种稻年限	$Year$	实际种稻年数，单位：年	＋
受教育程度	Edu	实际受教育年数，单位：年	?
农机保有量	Mac	拥有农机价值，单位：万元	＋
管理过的最大面积	$Scal$	单位：亩	＋
可支配劳动力	Lab	实际可支配个数，单位：个	?
所在地区水稻类型	$Type$	单季稻＝1、双季稻＝2	?
是否有专业技术人员	Njy	有＝1、没有＝0	＋

表中预期影响"?"表示影响未知，"—"表示笔者认为该因素会对农业生产服务供给量产生负面影响，相对的"＋"就表示该因素会对农业生产服务供给产生正面影响。笔者认为种稻年限越长，稻农积累的经验和技能越多，其种稻的比较优势将会更加明显，因此稻农越倾向于提供农业生产服务；同样，农机保有量越大，稻农从事农业劳动的退出成本越高，越倾向于农业生产劳动，且从事农业生产服务的规模越大；与农机保有量不同，可支配劳动力数量是稻农可以支配的家庭劳动力以及可以雇用的劳动力，这将影响稻农的经营规模，但是经营规模改变是否会直接影响农业生产服务供给规模，将在后面的实证中讨论。

6.3.3 模型选择

笔者在调研中发现，很多稻农在劳动力配置时虽然选择了提供农业生产服务，但是由于供求关系并不是完全的市场化，实际上愿意供给农业生产服务的稻农的供给量为0，即其因变量观察值为0，出现了样本有偏选择的问题。针对此类情况，国内外学者普遍采用 Heckman 两步法

（Heckman，1979）或 Tobit 模型（Tobin，1958）进行数据处理，以解决因变量取正值时是连续变量，但依然有很大可能取值为零的样本有偏选择问题。因此，笔者选用极大似然估计方法来估计 Tobit 模型以进行计量分析。

Tobit 模型也称为截取回归模型（Censored Regression Model），是由 1981 年的诺贝尔经济学奖获得者 James Tobin 于 1958 年首先提出的，最早被用来研究耐用消费品需求。其基本结构描述如下：设某一耐用消费品支出为因变量 y_i，解释变量为 X_i，则耐用消费品支出 y_i 只存两种情况：要么大于该耐用消费品的最低支出水平 y_0，即 $y_i > y_0$；要么 $y_i = 0$。因此耐用消费品支出 y_i 和解释变量 X_i 之间的关系为：

$$y_i = \begin{cases} \boldsymbol{\beta}^T \boldsymbol{X}_i + e_i & \text{若 } \boldsymbol{\beta}^T \boldsymbol{X}_i + e_i > y_0 \\ 0 & \text{其他} \end{cases} \tag{6.9}$$

$$\text{其中 } e_i \sim N(0, \sigma^2), \quad i = 1, 2, \cdots, n$$

式中，$\boldsymbol{X}_i$ 是 $(n+1)$ 维的解释变量向量；$\boldsymbol{\beta}$ 是 $(n+1)$ 维的未知参数向量。假设 y_0 已知，模型两边同时减去 y_0，变换后模型的常数项是原常数减去 y_0，由此得到的模型标准形式称为"Tobit 模型"（Tobit regression model）：

$$y_i = \begin{cases} \boldsymbol{\beta}^T \boldsymbol{X}_i + e_i & \text{若 } \boldsymbol{\beta}^T \boldsymbol{X}_i + e_i > 0 \\ 0 & \text{其他} \end{cases} \tag{6.10}$$

$$\text{其中 } e_i \sim N(0, \sigma^2), \quad i = 1, 2, \cdots, n$$

Tobit 模型在经济领域是一个相当成熟和实用的工具，它能分析因变量与各自变量之间的定量关系，这种关系通过回归系数得到体现，并且可以通过人工干预改变各变量的强弱关系使因变量取值趋于完美。有学者（付斌，2007；庞瑞芝等，2007）应用此模型对我国上市银行和商业银行经营效率进行了研究，从不同侧重点分析了各种影响因子的作用大小，并提出了有针对性的改善建议；邱艳华和王元月（2008）利用该模型研究了我国城镇基本养老保险水平的影响因素；李选举（2000）将其应用于税收征缴中，通过计算商户应征税款，能有效杜绝偷税漏税行为的发生。

Tobit 模型的一个重要特征是：解释变量 X_i 取实际观测值，而被解

释变量 y_i 只能以受限的方式被观测到，即当 $y_i > 0$ 时，无限制观测值均取实际的观测值；当 $y_i \leq 0$ 时，受限观测值均截取为零。

对于 Tobit 模型来说，建立该模型就是要求在对 y_i 和 X_i 进行 n（$n > k$）次观测的基础上估计 β 和 σ^2。假设共有 n 个观察，其中 n_0 个观察为 $y_i = 0$，n_1 个观察为 $y_i > 0$，且 $n = n_0 + n_1$。如果将 n_0 个 $y_i = 0$ 的样本全部抛弃，仅对剩下的 n_1 个样本做普通最小二乘法估计，那么得到的估计显然将不满足无偏性和一致性要求。而实际上，观测值 y_i 在 $y_i > 0$ 下的条件期望为：

$$E(e_i \mid y_i > 0) = E(e_i \mid e_i > -\beta^T X_i) = \sigma \times f_i / F_i \qquad (6.11)$$

因此，

$$Y_i = \beta^T X_i + e_i = \beta^T X_i + \sigma \times f_i / F_i + \mu_i \qquad (6.12)$$

式中，f_i 和 F_i 分别是在 $(\beta^T X_i / \sigma)$ 计算的标准正态分布的概率密度函数和分布函数。由于最小二乘估计忽略了与 X_i 不独立的 $\sigma \times f_i / F$ 项，因此造成最小二乘估计量的有偏性和不一致性。又因为 $e_i \sim N(0, \sigma^2)$，所以

$$E(e_i \mid y_i > 0) = \sigma \times f_i / F_i > 0 \qquad (6.13)$$

即 β 的最小二乘估计量是有偏的。

若考虑全部 $n = n_0 + n_1$ 个观测值，则观测值 y_i 的无条件期望为：

$$E(y_i) = F_i \times (\beta^T X_i) + \sigma \times f_i \qquad (6.14)$$

因此，对所有的 n 个观测值应用最小二乘法也不会产生 Tobit 模型的无偏估计量和一致估计量。可以证明，β 和 σ^2 的最大似然估计量是一致估计量。因此，估计 Tobit 模型的最好方法是最大似然估计。

Tobit 模型的假设检验：Tobit 模型一般用瓦尔德检验或似然比检验能比较容易地对多个排除性约束进行检验。瓦尔德检验的形式与 Logit 模型和 Probit 模型的情形类似；对受约束模型和不受约束模型都是使用 Tobit 对数似然函数，用似然比检验回归系数，既适合单个自变量的假设检验，又适合多个自变量的同时检验。

将笔者要研究的变量带入 Tobit 模型，就得到待估计模型：

$$Q = \alpha + \beta_1 Land + \beta_2 Inc + \beta_3 Year + \beta_4 Edu + \beta_5 Mac + \beta_6 Sacl +$$
$$\beta_7 Lab + \beta_8 Type + \beta_9 Njy + \mu$$

6.3.4 实证分析

本部分实证研究的数据来源于课题组 2011 年暑假对江苏、安徽、江西三省的农户随机问卷调查，问卷包含农户基本信息、家庭收入情况、外出务工情况、土地流转意愿、水稻种植投入产出、粮食补贴以及生产环节外包情况等方面。上述三个省都是我国水稻主产区，且安徽和江西是我国农村劳动力输出大省，江苏省是我国农村劳动力输入大省，因此选取上述三省稻农的调查数据研究农业生产服务供给问题具有较好的代表性。

在调查中，笔者课题组共选择包括江苏省、安徽省、江西省 5 个县市在内的 11 个市（县、区），并从中随机抽取 1 015 户稻农进行问卷调查，共回收有效问卷 972 份。表 6-2、表 6-3 分别是样本来源、稻农基本信息以及变量的描述性统计。

表 6-2　水稻生产服务供给样本数统计

省	市（县、区）	样本数	占总数百分比（%）
江苏	金坛	109	11.214
	洪泽	96	9.877
	靖江	110	11.317
安徽	全椒	93	9.568
	居巢	69	7.099
江西	都昌	93	9.568
	新干	91	9.362
	铅山	101	10.391
	峡江	94	9.671
	吉安	88	9.053
合计		972	100.000

表 6-3　被调查农户基本种植情况

变量	最小值	最大值	均值	标准差
家庭经营面积（亩）	0.4	400	11.676	32.53
年龄（岁）	37	78	54.563	10.168

（续）

变量	最小值	最大值	均值	标准差
健康状况	1	3	1.319	0.562
所在地区水稻类型	1	2	1.251	0.435
单产（斤/亩）	350	1 350	1 028.961	155.113

利用 Stata 软件对笔者调研数据进行分析，得到 Tobit 模型的各系数估计值，见表 6 - 4：

表 6 - 4　**Tobit 模型估计结果**

项目	整地	育秧	插秧	施肥	病虫害防治	收割
常数项	0.355	0.916	0.927	1.917	1.865	0.265
	(1.794)	(1.943)	(1.274)	(2.901)	(2.521)	(1.662)
家庭经营面积	−0.105	2.647	0.312	1.052	1.492	−0.081
	(−0.190)	(0.100)	(0.009)	(0.850)	(0.424)	(−0.029)
务工收入占总收入比例	−14.574	−4.756	−1.308	−15.236	−20.651	−19.051
	(−1.940)	(−1.417)	(−0.827)	(−0.923)	(−0.102)	(−1.832)
种稻年限	0.042	0.733	0.025	0.084	0.042	0.044
	(0.224)	(1.650)	(0.242)	(0.715)	(0.018)	(0.100)
农机保有量	76.521	2.787	5.234	2.543	4.351	53.982
	(3.670)	(1.263)	(0.230)	(2.630)	(0.914)	(2.190)
管理过的最大面积	1.491	3.273	0.605	1.346	1.818	1.251
	(0.110)	(0.018)	(0.346)	(1.861)	(1.704)	(0.640)
可支配劳动力	41.357	0.813	1.536	33.531	31.222	33.183
	(1.942)	(0.593)	(1.831)	(2.900)	(2.090)	(2.143)
所在地区水稻类型	1.634	0.291	−0.114	0.361	−0.003	0.791
	(0.540)	(0.053)	(−0.914)	(0.512)	(−0.001)	(0.009)
是否有专业技术员	2.457	19.309	1.236	4.168 7	6.923	2.521
	(2.370)	(1.956)	(2.062)	(2.535)	(1.631)	(1.777)
受教育程度	0.417	0.629	0.381	1.167	1.304	0.938
	(0.523)	(2.312)	(0.913)	(1.002)	(1.226)	(0.816)
R^2	0.515	0.490	0.314	0.401	0.487	0.533
对数似然值	−1 027.05	−1 001.21	−1 016.29	−902.72	−1 036.34	−1 014.21

从表6-4可以看出，不同因素对各环节的农户生产服务供给能力的影响大不相同，并大致可分为显著正向影响、显著负向影响、非显著正向影响、非显著负向影响四类。其中农机保有量和可支配劳动力数对各生产环节的生产服务的供给都有明显的正面影响，且分别侧重整地环节、收割环节和施肥环节、病虫害防治环节；种稻年限和管理过的最大面积的正面影响相对较小；务工收入占总收入比重越高的农户在各环节愿意提供的农业生产服务越少；家庭经营面积和所在地区水稻类型对不同环节的影响差异较大。

具体的，种稻年限对除育秧环节以外的各个环节社会化服务供给的正向影响较小，特别是在整地环节、收割环节、插秧环节中的影响系数分别只有0.042、0.044和0.025，且都不能通过10%置信度的检验，说明虽然种稻年限越长的稻农越倾向于供给农业生产服务，但是种稻年限长短并不是约束稻农供给量的重要因素。同样，所处地区的水稻类型虽然对各环节生产服务供给能力存在的影响正负不一，但是总体而言影响都不显著。所以，种稻类型也非制约农业生产服务供给能力的主要因素，农业生产服务供给能力与实际农业生产品种和生产结构的关系没有得到有效证明。相比之下，农机保有量和可支配劳动力对生产环节的供给影响就大得多，特别是在整地、收割两个劳动力导向型的环节，影响十分突出。这一情况与我国农机保有量、农机相关生产服务供给量两者同步增加相符。除农机保有量外，生产团队中是否有专业技术员不仅在技术含量高的育秧环节、病虫防治环节和施肥环节呈显著的正向影响（有高达19.309、6.923和4.168 7的影响系数），同时其对其他劳动力替代型环节的社会化服务供给能力也存在较为显著正向影响，是影响社会化服务供给能力的关键因素。笔者认为这与专业技术人员或者"能人"能够给生产团队带来更多的信心有关，因此注重培育农业技术带头人、鼓励能人创办合作社以及吸引高水平人才返乡务农在促进生产环节外包方面有直接显著的作用。最后，务工收入占总收入比例对各环节影响均为负，说明务工收入越高的农户提供农业生产服务的面积越小。笔者认为收入结构本身就反映了农户的就业偏好，外出务工的农户本身就倾向于非农劳动。

从环节来看，整地环节和收割环节受到因素的影响较为接近，且波动也十分接近：机械保有量对这两个环节产生了最大的影响，劳动力的影响次之；而专业技术员和受教育程度等技术相关变量对其影响较其他环节小。笔者认为这与两个生产环节都与劳动力需求型环节密不可分，同时这两个环节机械替代较大，因此人工劳动力影响小于机械影响。相比之下，对施肥、病虫害防治以及插秧环节而言，上述环节目前受地形、种植习惯、成本约束等影响依然以人工劳动为主，机械替代程度较低，因此供给能力更多地受到人工劳动力数量的影响，且由于上述环节属于水稻种植的核心环节，理论上对产量影响较大（实际上由于生产环节的不可分性，无法实际比较各环节对整个生产过程的贡献），因此新技术应用较多、技术含量也较高，服务供给能力受到技术型因素的影响也相对较多。育秧环节是唯一一个受到种稻年限相对影响较大的环节，这是因为育秧环节对于劳动力需求量并不大，也几乎不存在机械作业的情况，因此"经验技术"成为这一环节最主要的约束条件。此外，值得一提的是，整体而言插秧环节受各因素影响差异最小，而收割环节和整地环节受不同因素影响的差异较大。

6.4 小结

本部分研究主要围绕农业生产服务供给展开。在得出我国水稻生产环节外包服务供给存在劳动密集型的生产环节供给能力大于技术密集型环节、劳动密集型的生产环节供给意愿大于技术密集型环节、不同供给主体在不同生产环节的供给效率不同的结论后，笔者进一步比较了不同供给主体和供给模式的优缺点，指出农技站的农技员具备相对先进的技术和丰富的经验，在统防统治等环节具有显著的优势，效率较高；而合作社具有良好的激励机制，能真正了解农户的需要，在施肥、育秧、插秧等环节供给效率较高；私人供给模式以市场为指导，供给主体的多元化有利于资源的合理配置，能有效提供适合农民需要、有利于农户生产经营的外包服务。

之后笔者利用 Tobit 模型对供给能力的实证研究发现，农机保有量和可支配劳动力数以及是否具有专业技术员对各生产环节的生产服务都有较大的正面影响，而种稻年限和管理过的最大面积的正面影响相对较小；务工收入占总收入比重越高的农户在各环节愿意提供的农业生产服务越少；家庭经营面积和所在地区水稻类型对不同环节的影响差异较大且不明显。

7 水稻生产环节外包供求平衡

本部分将水稻生产环节的外包需求与供给进行综合探讨，分析水稻生产环节外包供求平衡机制，以寻找水稻生产环节外包供求不平衡的矛盾所在，并探索如何能够实现生产环节外包的供求平衡，为政策制定提供理论依据。

7.1 水稻生产环节外包的供求关系

我国水稻生产环节外包的供求关系特征主要体现在供求存在较为严重的失衡，而失衡的本质在于外包服务需求与供给的矛盾，这种供求失衡（或者说供求矛盾）主要包括总量失衡、质量失衡、结构失衡以及区域失衡四个方面，下面笔者将逐一分析。

7.1.1 总量失衡

水稻生产环节外包供求失衡首先体现在总量失衡，它是指外包服务需求总量与外包供给总量之间存在差异，其实质是在水稻生产过程中各环节外包服务有效需求与实际供给能力的失衡。一般而言，总量失衡包括供不应求和供大于求两种类型，其中供大于求又称供给剩余型，是指稻农生产过程中对于外包的需求小于服务供给商所提供的服务总量；而供不应求又称需求膨胀型，是指稻农对生产环节外包的实际需求大于实际的有效供给量。根据笔者对于江苏、安徽和江西的实地调查发现，除收割环节，各环节都存在一定的总量失衡现象，但是不同环节其总量失衡的类型各不相同。

从外包程度和农户实际情况看，整地、育秧两个环节的稻农整体需求呈刚性，外包需求都超过了实际供给量，属于供不应求的环节。但是不同环节其形成"供不应求"的原因各不相同，一方面可能是由需求增长引起的"需求推进型需求膨胀"，另一方面可能是供给下降引起的"供给不足型需求膨胀"，还有可能是需求的增长速度大于供给的增长速度引起的"双向型需求膨胀"。对整地环节而言，随着经济的发展和机械化程度的加深，越来越多的农户愿意选择使用机器替代自身劳作，因此需求快速增加，同时机械化程度的发展速度相对经济发展速度较慢，特别是欠发达地区和山区的机械化推广速度迟缓，因此整地环节出现的供不应求属于"双向型需求膨胀"。相比之下，育秧环节的需求量也随着经济的发展相应获得提高，但是由于农业劳动报酬率过低等原因导致其供给量并没有显著提高，因此育秧环节出现的供不应求属于"供给不足型需求膨胀"。

与整地、育秧两个环节不同，灌溉、施肥、病虫害防治属于供大于求的环节，这种类型的供求失衡是指外包服务的供给超过了农户对于外包服务的有效需求，其形成可能是由服务供给增长引起的"供给增加型供给剩余"，也可能是稻农的服务需求下降引起的"需求不足型供给剩余"，还可能是供给的增长速度大于需求的增长速度引起的"双向型供给剩余"。随着水利设施的逐步完善，越来越多的生产队或者村组采用统一灌溉模式，供给水平大幅提高，因此灌溉环节属于"供给增加型供给剩余"；随着科技入户工程的开展，基层农技员在科技成果转化"最后一千米"发挥出了重要作用，因此越来越多的农户可以根据农技员的指导和提醒自主选择适宜的农药或化肥，因此施肥和病虫害防治环节稻农的外包需求明显下降，不同的是由于大型病虫害防治机器的使用，使得病虫害防治环节的服务效率极大提升，服务供给增加，因此，施肥环节是由于服务需求下降引致的"需求不足型供给剩余"，而病虫害防治环节是服务需求下降的同时供给增长过快引致的"双向型供给剩余"。

7.1.2 质量失衡

某一服务供给主体在某一环节提供的外包服务与稻农实际满意度之间的失衡，可以称为生产环节外包的质量失衡，其实质是由于服务供给者的实际服务质量与农户对质量认知存在客观上的显著差异。受当地经济发展水平的限制、政策扶植力度、人员文化素质结构以及实际管理水平的差异，在水稻生产过程中的各环节很难进行标准化生产，因此供给质量会存在较大差异。与此同时，由于不同稻农的家庭经济状况、个人偏好习惯、监督成本以及稻农对服务质量的主观期望等方面的差异，也导致了稻农对供给质量有差异的需求，即使在服务供给者角度而言其质量上没有差异，不同服务消费者对服务质量的主观需求也是有差异的，因此产生了质量失衡。

水稻生产环节外包的质量失衡主要体现在不同稻农对不同供给主体存在偏好，有的农户对政府的权威有较大信任，因此愿意选择有"政府背景"的农技员提供的有偿农技服务；而有的农户则更信任由隔壁邻居组织的"社会化服务生产队"，出现问题可以随时反馈和解决；还有的农户愿意选择跨地区作业的"流动劳动力"，因为往往这种供给者价格最低。

7.1.3 结构失衡

结构失衡是水稻生产环节外包供求关系最主要的矛盾。结构失衡是指水稻生产环节外包供给结构与稻农需求结构的失衡，综合反映了劳动力供求矛盾、技术供求矛盾以及信息供给矛盾，其实质是农业社会化服务供给发展与社会经济发展下稻农需求不匹配。

图7-1是根据笔者在江苏省实地调研所获数据进行的统计。比较在江苏省水稻生产的7个主要环节中愿意外包生产环节的农户比例和能够找到服务供给者的农户比例就可以看出，我国水稻生产环节在不同环节外包供求严重失衡，供求结构方面存在矛盾。7个环节中外包程度最高的是整地环节与收割环节，这两个环节的供求也基本实现均衡，只有整地环节需求略高于供给水平。与整地环节类似，育秧环节也存在供不应求，有超过八成的农户愿意将育秧环节包出，但是只有约三成的农户能够找到替他们

育秧的服务供给者。与育秧环节明显相反的是在插秧、灌溉、施肥以及病虫害防治环节，农户都能轻而易举地找到承接服务供给者，但是实际愿意将上述环节外包的农户较少，特别是施肥和病虫害防治环节，只有一二成的农户愿意外包，而超过九成的农户能够找到服务供给者。

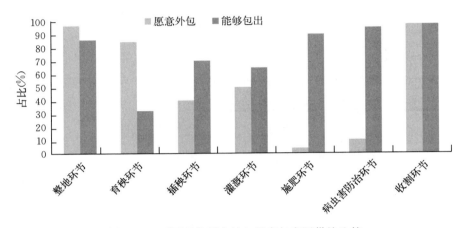

图 7-1　不同环节稻农外包愿意与实际供给比较

笔者认为出现结构失衡的主要原因在于不同环节需要的素质并不相同，简单来说就是"困难"的环节农户希望外包而没有人愿意承包，所以供不应求；"简单"的环节是大家都愿意从事的环节，因此供大于求。当然，仅仅利用"简单"与"困难"去区分环节的差异是不科学的，笔者将继续深入挖掘各个环节外包的实质，来研究"简单的环节"与"困难的环节"之间深层次的差异。

7.1.4　区域失衡

地区发展不均衡是我国区域发展的一个重要缺陷，区域失衡也是我国水稻生产环节外包供求失衡的一个重要方面。区域失衡是指外包服务的区域供给与区域需求的失衡，其实质是区域经济发展不平衡和各级财政投入存在偏差的结果。

由于我国各个地区发展经济的客观资源禀赋存在较大差异，必然产生资本量和生产力水平的差异，而这些差异的积累最终导致了国内各个区域经济发展的严重不平衡。与此同时，资本和人才大量流向经济相对发达的地区寻求高回报率，使得部分地区经济发展水平较高的地区获得更大的经济优势，而大部分地区由于资本和人才的短缺，经济发展水平更加落后，形成了二元经济结构：城市地区经济在工业化高速发展的同时，农村地区经济长期停滞不前；东部经济飞速发展的同时，西部地区经济增长速度缓慢；沿海地区与内陆地区间的经济发展水平也不平衡。而生产环节外包服务供给所依赖的机械化程度和非农就业机会在很大程度上取决于经济发展水平，不管是农机补贴和合作社扶持经费投入的绝对数量，还是其占国民生产总值的比例，都与当地经济发展水平存在着正相关关系。以整地环节和收割环节为例，江苏省外包环节比率几乎为100%，而经济相对落后的安徽与江西在整地环节的外包程度分别为92%和84%，在笔者调研地区中，经济最落后的地区整地和收割环节外包程度几乎为0。

值得一提的是，水稻生产环节外包服务供求失衡的种类还不止上述四种，且造成供求失衡的矛盾之间相互影响、相互渗透，存在着复杂的制约关系，并非孤立存在。在有的具体环节中，可能上述四种矛盾都并不显著，但是有的环节中上述四种矛盾又同时存在，多种矛盾的同时作用造成了该环节的供求失衡。

7.2　水稻生产环节外包供求失衡原因探究

7.2.1　市场非完全竞争

一般在考察市场均衡时，通常首先考察市场结构。微观经济学家认为可以根据市场组织的不同，将市场分为完全竞争市场和非完全竞争市场，其中非完全竞争市场又可分为三种情况：垄断（Monopoly）、寡头垄断（Oligopoly）以及垄断竞争（Monopolistic Competition）。市场竞争受到上述三种情况的限制而形成的非完全竞争（Imperfect Competition）是导致市场失衡最重要的原因。

垄断是市场上只有一家厂商供给某种商品，这是一种不存在竞争的极端情况。垄断是指唯一的厂商（或者消费者）在一个或多个市场，通过一个或多个阶段，面对竞争性的消费者（或者厂商）。垄断者在市场上能够随意调节价格与产量（但不能同时调节）。垄断竞争也称为独占性竞争，是一种拥有许多大型厂商的竞争市场，虽然并非完全垄断，但其特色属于非完全竞争的形式之一，在此种形式之下厂商短期内可利用部分的独占市场力量（Monopolistic Market Power）提高售价以获取比较高额的利润。寡头垄断市场是介于垄断市场和垄断竞争市场之间的一种市场类型。具体而言，寡头垄断是指少数几家厂商在市场中占据支配地位的一种市场类型。这些占支配地位的厂商生产和销售的产品在该行业产品总量中占有很大份额，从而能够影响市场价格。

不管是何种形式的垄断，垄断厂商与竞争厂商都追求利润最大化，即在决定实际产量时，他们都将考虑生产最后一单位产品获得的边际收益和边际成本，如果边际收益大于边际成本，则厂商将不断扩大产量，直到边际收益等于边际成本，反之亦然。垄断厂商与竞争厂商的差异在于虽然两者都在追求利润最大化，但是竞争厂商接受市场价格，边际收益不变；而垄断厂商能够利用其市场份额影响市场价格，边际收益递减。因此垄断厂商（笔者在此只将垄断与完全竞争作比较，寡头垄断和垄断竞争就不再赘述）的产量决策模型如图 7-2 所示：

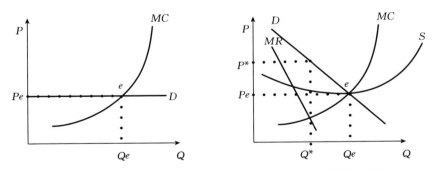

图 7-2 完全竞争市场与垄断市场下厂商的产量决策模型比较

A. 完全竞争市场   B. 垄断市场

在完全竞争市场中，某一个厂商的产出几乎不能影响市场的需求，因此市场需求曲线 D 与厂商的边际收益曲线相交于市场均衡点 e 点；而由于垄断市场的产量完全由垄断厂商主导，因此对于垄断厂商而言市场需求是向右下倾斜的，垄断厂商的边际收益曲线为 MR，利润最优时的产量为 Q^*，小于竞争市场时的 Qe。市场出现扭曲。

在生产的社会化发展过程中，自由竞争自然而然引起生产和资本的集中，而当生产和资本的集中发展到一定阶段以后，就必然会产生垄断，如有些行业的生产需要投入大量的固定资产和资金，规模经济就成为垄断形成的重要原因。专利是政府授予发明者的某些权利，这些权利一般是指在一定时期内对专利对象的制作、利用和处理的排他性独占权，从而使发明者获得应有的收益。有些行业具有向规模经济、范围经济发展的内在趋势，而在整个市场中随着企业生产规模的扩大和范围的扩展，单位成本递减，从而实现效益增加，这些行业具有自然垄断性。基于我国家庭农业生产的实际情况，水稻生产环节外包是大量消费者对应大量供给者，加之水稻生产并不具备自然垄断等特点，因此水稻生产环节外包供求失衡与非市场竞争关系并不明显。

7.2.2 政府干预

市场失衡的第二个重要原因是政府对于市场的干预扰乱了基本供求规律。当政府出于保护弱势群体、维护社会公平以及发展公共事业等目的，出台各种限价、税收等政策时，就对市场运行结果造成了影响。政府的干预手段主要有设置最高限价、最低限价以及税收等方面，不同的干预手段造成的市场失衡有所差异。图 7-3 是政府采取最低限价时，可能对市场均衡造成的影响：

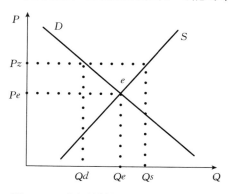

图 7-3 政府最低限价时市场均衡状况

其中 D 是消费者需求曲线，S 是生产者供给曲线，e 是在没有政府干预时达到的市场均衡点，此时市场成交量为 Qe，市场价格为 Pe。当政府为了保护生产者利益，制定了诸如农产品等商品的最低价格 Pz，且最低价格 Pz 高于均衡价格时，市场就出现了非均衡：由于价格的上升，在消费者购买力和偏好不变的情况下需求下降为 Qd，而生产者生产能力提升到 Qs，市场就出现了 $Qs-Qd$ 的产品剩余，出现供大于求的情况。

与最低限价类似，政府采取最高限价时也会引起市场的非均衡。图 7-4 是政府采取最高限价时，对均衡市场的扭曲情况：

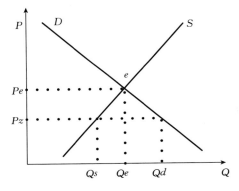

图 7-4 政府最高限价时市场均衡状况

当政府为了保护消费者的利益，而制定了最高限价 Pz 且最高限价 Pz 大于均衡价格 Pe 时，消费者在需求函数不变情况下，需求从原来均衡时的需求 Qe 上升到 Qd，而供给者由于成交价格的下降将降低产量至 Qs，市场中产品供给就出现了 $Qd-Qs$ 的缺口，出现供不应求。

除了政府调整市场最低限价和最高限价以外，税收也会导致市场的扭曲。图 7-5 是政府对某种产品收税时，对市场的扭曲：

可以看出，当政府对生产商征收 T 的定额税时，将使厂商的生产成本提高 T，生产曲线上移至 St 位置，则新的价格为 Pt，新的成交量为 Qt，成交数量由 Qe 下降至 Qt，虽然市场最终依然达到了新均衡，但是由于市场已经不是最佳均衡状态，产品实际交易量小于应有均衡量，所以市

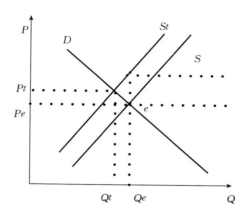

图 7-5 政府征收定额税时市场均衡情况

场出现了"总量失衡"。

由于政府干预而出现的市场失衡情况还很多，但是水稻生产环节外包供求主要是由市场决定，政府对农户的外包行为价格干预较少，因此水稻生产环节供求失衡与政府宏观调控行为的关系并不明显。

7.2.3 交易成本

除了非完全竞争和政府过度干预以外，交易成本过高也是导致市场失衡的重要原因。交易成本（Transaction Costs）又称交易费用，最早由美国经济学家罗纳德·科斯提出。他在代表作《企业的性质》一文中认为交易成本是"通过价格机制组织生产的最明显的成本，就是所有发现相对价格的成本""市场上发生的每一笔交易的谈判和签约的费用"及利用价格机制存在的其他方面的成本。

根据威廉姆斯（Williamson）1975 年的研究，交易成本大致包括以下6 类：①搜寻成本：交易参与者在对商品信息与交易对象信息搜集过程中所花费的成本；②信息成本：取得交易对象信息与和交易对象进行信息交换所需的成本；③议价成本：针对契约、价格、品质讨价还价所产生的成本；④决策成本：进行相关交易决策和签订契约所需的内部成本；⑤监督交易进行的成本：监督交易对象是否依照契约内容（如追踪产品、监督、验货等方面）进行交易所支付的成本等；⑥违约成本：违约时所需付出的事后成本。（1979）则将交易活动的内容加以类别化处理，认为交易成本包含搜寻信息的成本、协商与决策成本、契约成本、监督成本、执行成本与转换成本。简言之，所谓交易成本就是指当交易行为发生时，所随同产生的信息搜寻、条件谈判与交易实施等的各项成本。

学者一般认为，交易成本产生的原因包括以下几点：①有限理性（Bounded Rationality），指参与交易的人，因为身心、智能、情绪等限制，在追求效益极大化时所产生的限制约束。②投机主义（Opportunism）：指参与交易的各方，为寻求自我利益而采取的欺诈手法，同时增加彼此不信任与怀疑，因而导致交易过程监督成本的增加而降低经济效率。③不确定性与复杂性（Uncertainty and Complexity）：由于环境因素中充满不可预期性和各种变化，交易双方均将未来的不确定性及复杂性纳入契约中，使得交易过程增加不少订定契约时的议价成本，并使交易困难度上升。④少数交易（Small Numbers）：某些交易过程过于专属性（Proprietary），或因为异质性（Idiosyncratic）信息与资源无法流通，使得交易对象减少及造成市场被少数人把持，使得市场运作失灵。⑤信息不对称（Information Asymmetric）：因为环境的不确定性和自利行为产生的机会主义，交易双方往往握有不同程度的信息，使得市场的先占者（First Mover）拥有较多的有利信息而获益，并形成少数交易。⑥气氛（Atmosphere）：指交易双方若互不信任，且又处于对立立场，难以营造一个令双方满意的交易环境和交易关系，使得交易过程过于重视形式，进而增加交易困难及不必要的成本。

就笔者的研究对象稻农而言，平均受教育年龄不足9年，多数稻农没有完成小学课程，因此文化素质偏低的稻农受"有限理性"约束更大，因此其生产环节外包过程交易成本更高。同时，虽然在水稻生产环节外包过程中基本不存在欺诈等投机主义行为，但是由于信息不对称和劳动效果不能够实时反映（只有收获时才能够判断），农户在外包时的监督成本也较高。因此，笔者认为交易成本是水稻生产环节外包失衡的主要原因。

7.2.4 外部性

外部性这一概念最早由马歇尔和庇古在 20 世纪初提出，是指一个经济主体在经济活动中对其他"外部"经济主体的福利产生了一种有利影响或不利影响，这种有利影响带来的利益（收益）或不利影响带来的损失（成本），都不由该主体本人所获得或承担，而由"外部"的经济主体获得或承担。图 7-6 反映了外部性这种"非市场性"的影响。

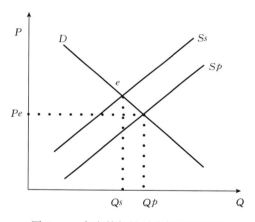

图 7-6 存在外部性时市场均衡情况

假设由于负外部性的存在，某个厂商的生产成本小于社会生产成本，则该厂商的供给曲线为 Sp，而整个社会的供给曲线为 Sp 上方的 Ss。完全市场情况下，市场成交价格为 Pe，成交量为 Qp。由于实际社会能够承受的均衡交易量为 Qs，因此市场也是扭曲的市场，有 $Qp-Qs$ 的产品超过社会承担量。实际上，由于水稻生产环节外包不存在负外部性，因此其供求不均衡与外部性干扰相关性较小。

7.2.5 价格黏性

价格黏性是指在动态的竞争市场模型下，由于市场压力等因素，产品价格和工资仍然保持在一定的水平上，而不能随着总需求的变动而迅速变化。其包括菜单成本、货币幻觉、不完全信息和公平性考虑等原因。新凯恩斯主义还将价格黏性分为了名义价格黏性和实际价格黏性，认为名义价格黏性是指名义价格不能按照名义需求的变动而相应地变；而实际价格黏性是指各类产品之间的相对价格比有黏性。市场价格黏性产生的原因主要包括：存在菜单成本，厂商调整价格有风险；成本加成原则，定价的厂商成本变动很慢，所以也不愿意经常地变动出售价格；劳务合同和购销合同使厂商不能迅速调整价格等。

如图 7-7 所示，对于水稻生产环节外包而言，由于油价、农资以及劳动力成本上涨速度较快，消费者需求函数 D 不变，生产者的生产函数 S 上升至 S^*，如果不存在价格黏性，则新的均衡价格为 P^*。若价格反应较慢，成交价格调整速度小于成本上升速度，假设实际市场成交价格依然为成本上涨前的均衡价格 Pe，则此时市场需求依然为 Qe，而厂商仅提供 Qs 的外包服务，则出现供不应求的现象，需求缺口为 $Qe-Qs$，但是实际上农民对于劳动力价格和农资价格等信息十分敏感，且私人口头协议的价格确定方式让随时谈判成本较低、价格波动更灵活及时，因此几乎不存在价格黏性导致的水稻生产环节外包供求缺口。

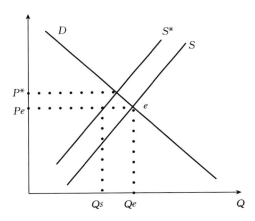

图 7-7 产品存在黏性时市场均衡情况

7.3 水稻生产环节外包供求机制分析

为了简化研究并找出研究的规律性，笔者并不单独探讨各因素对供求平衡的影响机制，而是在第五部分和第六部分研究的基础上，将需求分为生产偏好型需求、劳动替代型需求、技术替代型需求三类，并针对三类需求将供给对应分为总供给能力、劳动力替代环节供给能力以及技术替代环节供给能力，以分析不同特征下水稻生产环节外包均衡情况及各要素的作用机制。

图7-8是生产偏好型需求要素对应总供给能力的供求均衡机制图，其中家庭收入结构、户主性别、种稻年限、种植规模以及家中有老人或者学龄子女等要素决定了稻农的生产偏好。以家庭收入结构为例，家庭收入中非农收入比例越高的稻农对水稻生产偏好越低，更愿意选择雇佣生产，此时若区域内存在生产服务供给能力强的服务供给者，则能够形成均衡：外包交易达成，且该种均衡下生产效率往往更高，是一种高效的均衡状态；若区域内供给方的供给能力弱，市场将出现非均衡，结果往往是出现撂荒等土地资源闲置。而家庭收入中非农收入比例越低的稻农自我生产偏好越强，若区域内存在的供给方供给能力较弱时，这时虽然也能形成外包未达成、农户自我生产的均衡状况，但是这是一种低效率（主要指生产效率）的均衡状态；若此时区域内外包服务供给能力较强，市场也不能实现均衡，将造成农机、农技闲置等资源浪费。

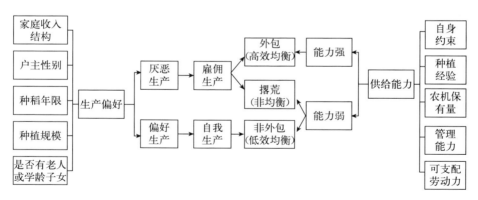

图7-8　生产偏好型需求与总供给能力的供求均衡机制

同样，根据第五部分的研究结论，女性户主、种稻年限越短、家中有老人或者学龄子女的农户在能够找到供给能力强的服务供给方时，市场本身就能自发形成高效的供求均衡，其余情况将出现供不应求、供大于求等市场非均衡以及未能形成外包交易的低效率均衡。

图7-9是劳动替代型环节的供求均衡机制图，其中家庭务农劳动力数量、户主性别、外出务工情况、种植规模、是否有老人或者学龄子女是劳动力的主要约束条件，而农机保有量、水稻经营管理能力及可支配劳动力是劳动替代环节供给能力的主要影响因素。与生产偏好型均衡机制类似，在家庭劳动力不足、户主为女性、外出务工人口较多、自身种植规模较大、家中有老人或学龄子女等情况下，农户相对缺乏劳动力，进而愿意雇佣生产，此时若区域内存在劳动替代环节供给能力较强的生产服务供给方，外包交易将达成，市场将自发实现高效率均衡情况。否则，将出现稻农由于劳动力的不足选择轻简技术降低生产效率，或者供大于求、供不应求造成的资源闲置。

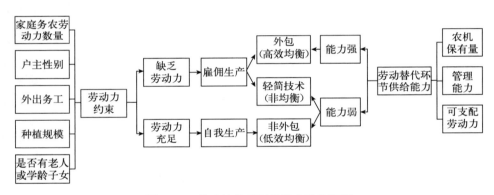

图7-9　劳动替代型环节供求均衡机制

图7-10是技术替代型环节的供求均衡机制图，其中受教育程度、种稻年限、土地是否在示范田内、种植规模为稻农的技术约束条件，而自身经营管理面积、水稻经营管理能力、是否有专业农技员及受教育程度是技术替代环节供给能力的主要影响因素。与前面的均衡机制类似，受教育程度越低、种稻年限越低、土地不属于示范田范围以及种植规模越小的稻农掌握的技术往往越少，面对技术约束也更倾向于雇佣生产，配合供给能力较强的技术替代环节供给方将实现供求的高效均衡。其他情况下将出现资源闲置的低效率均衡及非均衡。

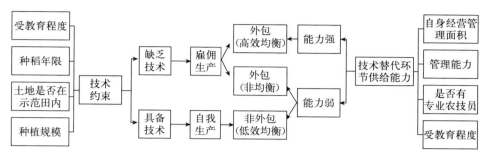

图 7-10 技术替代型环节供求均衡机制

7.4 水稻生产环节外包政府调控研究

通常情况下，学者们对于市场供求关系的研究，一般都假设供给与需求是均衡的，因此也较多地采用一般均衡（也称瓦尔拉均衡）模型进行分析。但是在现实生活中供求并不能完全出现均衡，市场非完全竞争、政府的过度干预、交易成本的存在以及外部性等经济生活中一系列的不确定性导致了名义供求和市场实际供求存在差异。

为解决上述问题，巴罗和格罗斯曼于 1971 首次提出了一个一般非瓦尔拉均衡模型，之后贝纳西等提出 B-P 模型和科尔内等提出 K-B 模型，都从微观上完善了非均衡模型。作为分析经济运行的一般方法，"非均衡"概念的提出突破了传统经济思想的束缚，进一步拓宽了均衡的含义，也更能满足水稻生产环节外包供求关系中的复杂性。因此，本部分主要借助非均衡理论和非均衡模型对水稻生产环节外包的供求非均衡进行理论分析。

7.4.1 非均衡模型

从对市场非均衡认定角度的不同，目前常用的非均衡模型主要有 B-P 模型和 K-B 模型两种。贝纳西（J. P. Benassy）和波特斯（R. Portes）对市场非均衡的一个重要认定是市场总交易量将等于总需求和总供给两者之中的最小量，所以在市场非均衡分析中应遵循"短边规则"，因此贝纳西和波特斯提出的 B-P 模型中最重要的就是短边——实际交易总量 Q 的确定。贝纳西和波特斯将"短边规则"表述为：

$$Q_t = \min(D_t, S_t) \tag{7.1}$$

式中，Q 为实际的总交易量；D 为总需求量；S 为总供给量。

与贝纳西等的角度不同，科尔内（J. Kornai）认为即使对于微观市场而言，经济非均衡状态的"短边规则"也并不成立，"交易摩擦"才是造成经济中非均衡状态的根本原因。因此，市场的交易量应小于市场需求或者供给量的最小值，表示为 $Q < \min(D, S)$。基于上述观点的非均衡模型构建核心在于能够反映"交易摩擦"的"交易函数"的确定。科尔内将市场交易函数定义为：

$$\eta = \varphi(\lambda, r) \tag{7.2}$$

式中，$\eta = (D-Q)/D$ 表示市场的相对短缺程度；$\lambda = (S-Q)/S$ 表示市场相对滞存程度；r 表示市场交易的摩擦。随着 η 增加，λ 将降低，市场摩擦程度如图 7 - 11 所示：

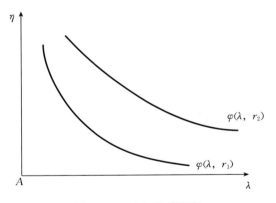

图 7 - 11　市场摩擦程度

图中所示交易摩擦 $r_2 > r_1$，当市场"交易摩擦"程度较小时，交易曲线 (λ, r) 将凸向 A 点；当市场不存在"交易摩擦"时，曲线退化成点 A。较早的学者一般利用 CES 固定弹性函数形式的交易函数来对上述函数进行估计，即：

$$Q = [D^{-\rho} + S^{-\rho}]^{-\frac{1}{\rho}} \tag{7.3}$$

其对数形式为：

$$\ln Q = -\frac{1}{p}\ln[D^{-p}+S^{-p}] \qquad (7.4)$$

而上式又可表示为：

$$\ln Q = -\frac{1}{2}p(\ln D - \ln S)^2 + \ln D + \ln S \qquad (7.5)$$

显然，当 $p \to \infty$ 时，可导出短边规则 $Q_t < \min(D_t, S_t)$；当 p 较小时，市场中将同时存在由交易摩擦造成的短缺与剩余。

7.4.2 水稻生产环节外包供求模型

从前面的理论分析中得出结论，水稻生产环节外包出现供求失衡的主要原因在于交易成本，因此选择"非均衡模型"来分析我国水稻生产环节外包的供求关系是适当的：水稻不仅具备普通商品的基本流通贸易性，其作为主粮作物，还对保障粮食安全和社会稳定起到重要作用。一方面，作为民生的重要保障，水稻生产受到政府的高度重视，在种植面积、市场定价、销售渠道、农资农机补贴等多方面具有显著的政府计划性和政策导向性，不可能依靠单纯的市场机制去调节要素市场和产品市场供求的功能；另一方面，由于水稻生产依赖的土地具有耐用性、不可移动性，水稻生产环节服务供给必须围绕固定土地展开，影响生产环节外包市场交易摩擦的因素较多，交易摩擦也相应较大，因此运用一般均衡理论来分析水稻生产环节外包的供求关系就会存在诸多不符。而非均衡模型分析的理论价值就在于更准确地描绘了非完全竞争市场条件下的市场行为，为水稻这一价格缺乏弹性的典型农作物的供求关系提供了严谨的分析框架。基于此，笔者决定参照 Fair 和 Kelejian（1974）的研究成果，构建既符合"短边规则"，又考虑"交易摩擦"的非均衡计量模型。

首先，符合"短边规则"的水稻生产环节外包非均衡模型由以下 3 个方程构成：

$$D_{ti} = \alpha_0 \sum_{j=1}^{j} X_j d_{ti} + \alpha_1 P_{ti} + \mu d_{ti} \qquad (7.6)$$

$$S_{ti} = \beta_0 \sum_{j=1}^{j} X_j s_{ti} + \beta_1 P_{ti} + \mu s_{ti} \qquad (7.7)$$

$$Q_{ti} = \min(D_{ti}, S_{ti}) \tag{7.8}$$

式（7.6）为需求方程，反映的是水稻生产环节外包需求，D_{ti} 表示 t 时期内 i 环节的外包需求量；式（7.7）为供给方程，反映的是水稻生产环节服务的供给，S_{ti} 表示 t 时期内 i 环节的农业生产服务供给量；式（7.8）表示的是交易量方程，Q_{ti} 表示的是 t 时期 i 环节的实际发生交易量。此外，P_{ti} 表示 t 时期内 i 环节的外包价格，$X_j d_{ti}$ 和 $X_j s_{ti}$ 分别表示各种影响需求量和供给量的因素，α、β 为方程组中各影响因素的系数，μd_{ti} 和 μs_{ti} 表示方程的随机扰动项，且 μd_{ti} 和 μs_{ti} 的均值为 0、方差为常数、无序列相关且分别与 $X_j d_{ti}$ 和 $X_j s_{ti}$ 相互独立。在符合"短边规则"的水稻生产环节外包非均衡分析中，外包的市场交易量 Q_{ti} 并不直接等于外包的需求量 D_{ti} 或者外包的供给能力 S_{ti}，而是两者中的最小值 $\min(D_{ti}, S_{ti})$，即 $Q_{ti} = \min(D_{ti}, S_{ti})$。

然后，笔者借鉴科尔内的研究成果和思想，将"交易摩擦"引入上述方程组，使上述模型更符合市场运行实际情况。若利用双曲线型市场聚合方程来表示市场上的交易量，则非均衡模型方程组可以表示为：

$$Q_{it} = \frac{1}{2}(D_{it} + S_{it}) - \frac{1}{2}\sqrt{(D_{it} - S_{it})^2 + 4r^2 D_{it} S_{it}} \tag{7.9}$$

式中，r 表示市场的聚合程度系数。r 越小，表明市场聚合程度越低，"交易摩擦"的影响程度也越低，市场机制越趋于有效，聚合后的宏观市场就越接近于"短边规则"成立的市场情况，当 $r = 0$ 时，$Q_{ti} = \min(D_{ti}, S_{ti})$。但是实际上，$r > 0$ 为市场常态，因此对于任意 r（$r > 0$），都存在 $Q_{ti} < \min(D_{ti}, S_{ti})$ 且 $\lim Q_{ti} = \min(D_{ti}, S_{ti})^{r \to 0}$。

7.4.3　政府调控措施分析

通过对供求机制的分析及对水稻生产环节外包非均衡模型的推导，可以看出政府可以通过对需求、供给及市场三方面进行调控。

首先根据第五部分的研究结论，户主性别、种稻年限、受教育程度、是否有手艺等因素都会影响稻农的生产环节外包需求，根据影响因素和影响的方向，可以将式（7.6）变形为：

$$D_{ti} = -Sex + Year + Edu + Tec - Lab + Old + Sca + Inc + \alpha_1 P_{ti} + \mu d_{ti}$$

$$(7.10)$$

式中，Sex、$Year$、Edu、Tec、Lab、Old、Sca、Inc 分别表示性别、种稻年限、受教育程度、是否拥有手艺、家庭劳动力数、是否有老人或学龄子女、种植规模、收入结构。（7.10）式表示稻农的外包需求主要受上述因素影响，且变量前的符号表示了因素的影响方向：符号为正表示该因素对外包需求呈正向影响，符号为负则表示影响为负。可以看出，若政府试图通过对需求进行干预来调整和优化水稻生产环节外包的供求均衡，可以通过对受教育程度、技能培训、种植规模、家庭务农劳动力等方面入手。例如，政府加大对农村的基础教育和技能培训投资，将有效提高农村文化程度和就业技能，从而增加稻农的生产环节需求；相反若限制农民就业途径和种植规模，将使稻农降低对外包服务的需求，政府具体措施对需求的影响见图 7-12。

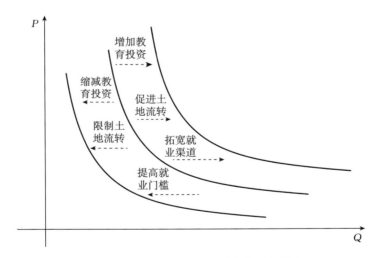

图 7-12　政府政策行为对需求曲线的影响

但是，仅仅通过提高需求并不能对市场外包情况进行优化，反而可能适得其反，造成很多更严重的后果。通过对供求平衡机制的分析可以发现，不管是技术需求增加或是劳动需求增加抑或偏好改变而引致的外包需求增加，并不一定能带来更高效率下的供求平衡；相反，可能会造成供不应求的局面，而产生撂荒和大规模采取轻简技术（如抛秧）等现象，因此如果没有相应的供给增加以适应需求的增长，反而会降低生产效率。政府在对需求进行调控的同时，应对供给也采取相应的措施以促进供给的增加。

根据第六部分的研究结论，不同环节的供给能力受不同因素影响，且影响程度存在差异。但是总体而言，收入结构、种稻年限、农技保有量、管理过的最大面积、是否有专业技术人员等变量对各环节的影响大小虽然存在差异，但是方向一致。因此结合式（7.7），可以得到水稻生产环节外包供给函数：

$$S_{ti} = -Inc + Year + Mat + Sca + Lab + Tec + \beta_1 P_{ti} + \mu s_{ti} \quad (7.11)$$

式中，Inc、$Year$、Mat、Sca、Tec、Lab 分别代表收入结构、种稻年限、农机保有量、管理过的最大面积、是否有专业技术员指导以及可支配劳动力。与式（7.10）类似，符号表示该要素对供给能力的影响方向。因此，当政府增加农机购置补贴或鼓励有经验的稻农回乡务农时，水稻生产环节外包服务供给能力将得到明显提升；相反，若政府限制合作社中人员雇佣条件和减少基层农技员工资收入，则水稻生产环节外包服务的供给能力将大打折扣。图 7-13 是政府政策行为对水稻生产环节外包供给能力影响情况。

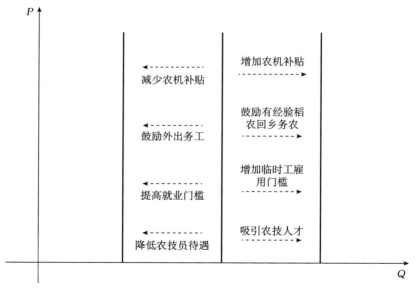

图 7-13　政府政策行为对水稻生产环节外包供给能力影响

在分析完政府政策对水稻外包的供给能力和需求量的影响后，就可以比较政府仅采取单一需求政策和采取需求-供给复合政策时的政策效果差异，详见图7-14。

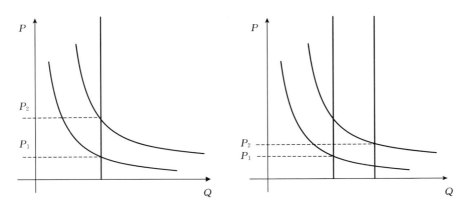

图7-14　政府单一政策与复合政策效果差异

通过比较图7-14中的两种情形可以发现，若政府只采取需求政策，导致的结果是交易价格显著上升，而成交量不变，依然处于低水平均衡，极可能造成撂荒等情况，威胁国家粮食生产安全；若政府同时实施需求和供给政策，则成交价格与原先市场均衡价格变化不大，市场价格扭曲较小，福利损失较小，同时此时的成交量有显著提升，生产环节外包处于高水平均衡，生产环节外包的效益能够得到更好发挥。

此外，除了对供给和需求进行同时调整以外，根据非均衡模型理论框架，政府还可以通过对市场本身的优化来优化供求均衡。由于实际成交量除了受供给能力和需求量的影响外，还受到"交易摩擦"影响——包括信息成本、交易成本、菜单成本等，政府应从信息传递入手，通过搭建信息平台加强信息交换速度和规模以降低个体信息获取成本；利用第三方担保和公证等方式来降低交易成本和违约风险，以此优化水稻生产环节外包供求市场，达到供求平衡。

8 结论与政策建议

本文对水稻生产环节外包效益、供给、需求等方面进行了深入研究，本部分在以上研究的基础上，对研究结论进行归纳总结并提出相应政策建议。

8.1 结论

8.1.1 水稻生产环节外包能够带来实际效益

不同地区、不同环节的水稻生产外包特征和形式具有明显的差异性，但是水稻生产环节外包对农民增收、生产效率提高以及农业长期发展都起到正面作用。

对农民而言，水稻生产环节外包不仅实现了各职能、操作的规模经营，还引起了生产成本的节约，抑或劳动生产率随专业化分工水平的提高而提高，进而通过专业化分工直接带来农民收入的提高。

在生产率方面，不同环节的外包生产率效应存在差异：劳动力替代为主的外包对生产率的帮助远远小于技术替代为主的外包，但是农业生产各环节的外包都会对农业生产率带来显著的正向影响，同时外包的时间固定效应显著大于个体固定效应，即随着时间的推移，水稻生产环节的外包程度不断加深，其对生产率的影响也在逐渐增大，水稻生产也越来越依赖外包。

从整个农业发展来看，外包对农业发展存在产业效应，包括优化效应、发展效应以及扩大效应。第一，具有较高技术效率的劳动者承接了该环节的劳动,引起了该环节技术效率的提高,优化了该环节农业生产的技术水平和层次,带来"产业优化效应";第二,外包引致的投入增加必然带来相关产业的发展,从而拉动区域产出增长,带来生产环节外包的"产业发展效应";第三,生产环节外包将给予农民既不放弃土地经营权,又能放心进城寻找稳定工作的机会,有力推进劳动力向城镇稳定流转,改变农民工"打零工"的零散就业现状,优化农民工就业,带来"扩大效应"。

8.1.2 水稻生产环节外包需求受性别、收入结构等影响,且示范户与非示范户存在显著差异

农户在水稻生产过程中是否将生产环节进行外包受到户主性别、受教育程度、是否拥有一门手艺、家庭劳动力构成、家庭收入结构等因素的显著影响;而家中是否有老人或学龄子女、是否有土地在示范田内以及种植规模和农户所处县市等 4 个变量对于农户外包行为的影响不显著。因此,政策的调控应从教育和培训入手,加大对教育的投入和技能培训机制的建立。相比非示范户容易受到外界因素影响改变其外包行为,示范户的生产行为较为稳定,大多数因素对示范户的影响均不显著。由于非示范户对外界变量的敏感性更高,因此选择政策制定时,应更多关注非示范户以提高政策效率。

虽然受教育程度能提升农户的劳动生产率,但是其对于两类农户的影响截然相反:对于示范户而言,受教育程度提升的是其水稻种植效率,因此受教育程度越高的示范户外包越少;对于非示范户而言,教育程度的提升带来的是其外出务工能力的提升,因此受教育程度越高的非示范户外包行为越多。因此,在实施促进外包行为的政策时,应注意政策的针对性,对待不同类型的农户应使用不同的政策措施进行引导,以免适得其反。

8.1.3 水稻生产环节外包供给模式多样,特点鲜明

目前水稻生产环节外包服务供给模式主要包括以政府为主体的农技服务体系、社会化形式的合作社以及示范户和农机手为主的零散供给。不同供给模式各有利弊,特别是不同环节下不同模式供给效率存在差异:农技

站的农技员具备相对先进的技术和丰富的经验，在统防统治等环节具有显著的优势，效率较高；而合作社具有良好的激励机制，加上其与农户之间有着直接联系，能真正了解农户的需要，为农户提供针对性强、适用性更好、更及时和灵活多变的环节外包服务，因此合作社在施肥、育秧、插秧等环节供给效率较高。

除供给效率差异外，以政府为主体的外包供给模式能有效保证外包环节所需的资源，通过多部门之间的合作，迅速将农业生产技术通过外包供给农户，同时乡镇、村组织联系着最广大的农民主体，扩大了农业技术推广受益群体；社会化组织不以营利为目的，具有良好的激励机制，能真正了解农户的需要，促进社会化组织发展生产环节外包服务，其低成本、高水平、多变灵活的特点也在一定程度上可以弥补政府外包供给的资金负担；私人供给模式以市场为指导，供给主体的多元化有利于资源的合理配置，能有效提供适合农民需要、有利于农户生产经营的外包服务。

当然，各供给模式也存在各自的缺陷：以政府为主体的外包环节，其资源投资缺乏竞争的压力，横向竞争不足，容易造成环节供给不到位，供给质量较差；由于信息不对称，容易出现供需不平衡；而生产经营成本相对较高也是它的缺点。社会化组织供给模式中，组织发展不完善，阻碍了社会化组织的协调发展，同时对政府力量的依赖，使其在资金、管理等经营活动上无法独立实现目标。私人供给模式外包供给具有较强的不确定性，而且其规模和服务范围容易受到限制，容易造成地区之间的发展不平衡。

8.1.4 供求平衡机制复杂，政府政策应兼顾供给需求

目前我国水稻生产环节外包的供求存在较为严重的失衡，主要包括总量失衡、质量失衡、结构失衡以及区域失衡四个方面。交易成本是造成供求不均衡的最主要原因。

我国水稻生产环节外包除不均衡外，还存在低效率均衡的问题。不同环节的生产性质存在巨大差异，加上不同因素对生产者和供给者的生产偏好、供给偏好的影响，是生产环节外包供求处于低效率均衡且造成平衡机

制复杂的重要原因。结合非均衡理论模型得出结论，若政府若只采取刺激需求政策，会引致交易价格的显著上升，而不能改变实际成交量，生产环节外包依然处于低水平均衡；政府应兼顾需求和供给，同时采取供给与需求政策，并优化供求环境，降低交易成本，生产环节外包才会处于高水平均衡，生产环节外包的效益才能够得到更好发挥。

8.2　政策建议

研究表明，我国水稻生产环节外包供求影响因素较多，内部供求机制复杂，优化生产环节外包供求关系既要全面考虑各方面情况，更要抓住关键环节，着力解决农业生产服务专业化程度不高、交易成本过高、不同环节供求结构不匹配等矛盾和问题。

8.2.1　增加资金扶持和技术帮助，降低社会化服务成本

加强引导，积极支持水稻生产 7 个环节中的各项农业新技术开发的研究工作，鼓励高校与科研院所开展相关技术研发，提高科技成果的实际转化；另一方面应突出重点，针对生产贡献大而又受技术和价格制约的环节进行重点扶持，开展农业生产服务技能培训，并增加机插补贴和农机购置补贴，降低水稻生产服务供给成本。

增加条件设施建设方面的经费，加强基层农业技术推广、水稻病虫害防控、水稻种植技术服务等公共服务机构和村级站点的办公场所建设，改善基层公共服务机构的条件和工作手段，购置必要的交通、通信和信息工具，配备必需的专用仪器设备。

8.2.2　增加基础设施投入和降低信息和交易成本，推动商业性农业发展

联合收割机跨区作业政策扶持，优先安排了持证收割机的作业任务并及时提供信息服务，收割服务的商业性发展使收割环节外包程度迅速提高。因此，在充分发挥市场机制作用的基础上，应建立完善的外包服务平台和

信息网络，整合外包需求与服务供给信息，运用现代化技术和方法，提高服务质量和时效，及时准确地把各种劳务信息传递到农民手中，减少信息获取难度，为营利性和非营利性农业社会化服务组织的发展提供良好的环境。

具体而言，一是要建立支持农业社会化服务发展的法律体系，使社会化服务体系有法可依，有章可循；二是大力发展基础设施建设，发展农村交通和通信事业，降低交易成本；三是加大对农业教育-科研-推广体系的投入，发展一体化体系，降低农民获取技术知识的成本。

8.2.3 提高非农就业水平，刺激外包需求

劳动力非农流转是外包需求的主要原因，因此农民工就业难度高低与外包需求强弱息息相关。通过构建政府主导的公平统一的劳动力市场、拓宽就业渠道、壮大就业载体，加强农民工的就业引导，建立有利于外出就业、返乡创业以及流动就业的机制，解决农民工合理就业，为外包需求扩大奠定基础。

具体措施包括：一是强化就业服务，让农民工就业有门路、求职有信息；二是将就业培训资金向农民工倾斜，重点提高农民工就业技能，并鼓励农民工返乡创业，促进以创业带动就业；三是减轻企业负担以稳定在岗农民工就业岗位，促进就业形势稳定；四是完善农村社会养老保险、农村社会医疗保险和社会救济福利三大社会保障制度。

8.2.4 鼓励"能人"承担社会化服务重任

市场经济具有不确定性，社会化服务组织的领导人能力就成为该组织发展和成败的关键因素，而目前我国《农民专业合作社法》规定，合作社生产的可分配盈余主要全部分给成员，并没有对社会化服务组织创办者激励的条文，削弱了对能人创办社会化服务组织的意愿，没有能人带头也成为制约社会化服务供给的重要因素。针对上述情况，第一，对合作社核心成员的利益追求要予以认可，保护和调动好他们的积极性。事实上，对获利机会的追求是这些核心成员主导制度变迁的根本动力，过分强调合作社的公平性而否认这一点，不利于合作社的持续发展。第二，要避免合作社

出现严重的"少数人控制"局面。对合作社的股权结构、控制权结构和利益分配，《农民专业合作社法》都做了相应的规定，在实践中应该予以坚持。第三，要通过正面宣传和精神奖励等方式，增强合作社核心成员的责任感和使命感，提高他们对合作社社会性和公益性的认识，促进生产服务的供给。

8.2.5 以市场为导向，构建复合供给机制，提高供给效率

一方面，单一服务组织形式有利于对小规模农户的援助，促进小农户在外兼业；另一方面，增强了农户对土地的"惜售"心理，导致农地滞留在小规模农户手中，阻碍了农业富余劳动力的顺利转移。同时，单一服务组织形式造成了竞争力缺乏和自我调节能力差等问题，随着国内外经济形势的日益严峻，一旦单一服务组织形式的垄断地位受到威胁，农业生产服务将面临极大的困难。

因此，我国发展农业社会化服务体系要以市场为导向，针对各环节基于技术替代和劳动替代的不同特性和不同供给主体提供服务的优势，统筹安排，构建多种经济成分、多渠道、多形式和多层次的立体型复合供给机制，让不同供给主体在农业生产服务中担任不同角色，提高供给效率和质量。

8.3 研究展望

本研究主要基于全国 8 个水稻主产省份的截面数据和江苏省的面板数据对农业生产环节外包的效益和供求进行了实证研究。受到数据的限制，对农业生产环节外包发展、供求关系演进、供求平衡波动方面的研究有所欠缺，笔者和研究课题组将继续关注我国农业生产环节外包的发展，进行跟踪调研，对农业生产环节外包长期发展中的问题进行总结、分析，寻找影响供求平衡波动的宏观要素和机制。

此外，虽然水稻作为我国主要粮食作物，能够较好地代表我国种植业的情况，但是农业生产的涵义十分丰富，除种植业以外还包括畜牧、渔业等养殖业，同时观赏类经济作物、食用类经济作物其环节特点又与水稻存在较大差异，研究不同细化产业中外包的效益，也是笔者未来的研究方向。

参考文献

曹航，2007. 资源外包的形成与演进机理研究 [D]. 上海：复旦大学.

曹建华，王红英，黄小梅，2007. 农村土地流转的供求意愿及其流转效率的评价研究 [J].
　中国土地科学（10）：54 - 60.

陈鼎东，2006. 商业银行软件研发外包 [J]. 中国金融电脑（9），21 - 23.

陈菲，2005. 服务外包动因机制分析及发展趋势预测——美国服务包的验证 [J]. 中国工
　业经济（7）.

陈凯，2006. 英国生产服务业发展现状 [J]. 世界经济研究（1）.

陈漓高，黄秀祥，2006. 美国的技术外包与失业率 [J]. 云南财经大学学报（6）.

陈诗一，张军，2008. 中国地方政府财政支出效率研究：1978—2005 [J]. 中国社会科学
　（4）：65 - 78.

付斌，2007. 我国商业银行效率的实证研究 [D]. 厦门：厦门大学.

郜亮亮，黄季焜，Rozelle Scott，等，2011. 中国农地流转市场的发展及其对农户投资的
　影响 [J]. 经济学（季刊）（4）.

何骏，2006. 我国发展服务外包的动因、优势和建议 [J]. 当代经济管理，12.

侯静如，2006. 关于我国农民收入问题的研究 [J]. 农村经济（6）.

胡志林，2004. 人力资源外包决策模型 [D]. 武汉：武汉大学.

黄季焜，邓衡山，徐志刚，2010. 中国农民专业合作经济组织的服务功能及其影响因素
　[J]. 管理世界（5）.

黄季焜，2012. 新时期国家粮食安全战略和政策的思考 [J]. 农业经济问题（3）.

黄建锋，崔荣燕，2007. 服务外包的兴起与中国的对策分析 [J]. 南通大学学报（6）.

江小娟，2008. 服务全球化的发展趋势和理论分析 [J]. 经济研究（2）.

江小娟，2008. 服务全球化与服务外包：现状、趋势及理论分析 [M]. 北京：人民出版社.

江小娟，2008. 服务外包：合约形态变革及其理论蕴意——人力资本市场配置与劳务活动
　企业配置的统一 [J]. 经济研究（7）.

江小娟，2011. 服务业增长：真实含义、多重影响和发展趋势 [J]. 经济研究（4）.

荆林波，2007. 全球外包服务发展与风险规避 [J]. 中国科技投资（1）.

荆林波，2005. 质疑外包服务降低成本及引起失业的假说——以信息技术外包服务为例
　　［J］. 经济研究（1）.

寇宗来，2004. 需求不确定性、生产能力投资和外包［J］. 世界经济（9）：13 - 19.

李民，樊珍，2007. 人力资源外包研究成果评价及分析［J］. 企业管理（1）：49 - 50.

李相宏，2003. 农业规模经营模式分析［J］. 农业经济问题（8）：49 - 51.

李晓华，2005. 产业组织的垂直解体与网络化［J］. 中国工业经济，7.

李选举，2000. Tobit 模型与税收稽查［J］. 统计研究（1）：46 - 50.

李玉红，2007. 国际外包的效应及成因研究［D］. 保定：河北大学.

李志强，李子慧，2004. 当前全球服务外包的发展趋势与对策［J］. 国际经济合作（11）.

林菡密，2004. 论企业的研发外包［J］. 科技创业（10）.

林季红，2002. 日本分包制的经济学分析［J］. 世界经济（7）：41 - 48.

林毅夫，蔡颖义，吴庆堂，2004. 外包与不确定环境下的最优资本投资［J］. 经济学（季
　　刊）（4）：119 - 137.

林毅夫，2000. 加强农村基础设施建设，启动农村市场［J］. 农业经济问题（7）.

林毅夫，2004. 解决"三农"问题的关键在于发展农村教育、转移农村人口［J］. 职业技
　　术教育（9）.

林毅夫，2004. 入世与中国粮食安全和农村发展［J］. 农业经济问题（1）.

刘凤芹，2006. 农业土地规模经营的条件与效果研究：以东北农村为例明［J］. 管理世界
　　（9）：71 - 79.

刘海红，2003. 内部化与外包——企业价值链活动范围的确定［J］. 管理世界（8）：
　　144 - 145.

刘庆林，高越，韩军伟，2010. 国际生产分割的生产率效应［J］. 经济研究（2）：2 - 43.

刘庆林，廉凯，2006. 印度承接服务业外包对其产业结构的影响及启示［J］. 国际经济合
　　作（9）：55 - 58.

刘志彪，刘晓翅，2001. 垂直专业化：经济全球化中的贸易和生产模式［J］. 经济理论与
　　经济管理（10）.

刘志彪，吴福象，2005. 全球化经济中的生产非一体化——基于江苏投入产出表的实证研
　　究［J］. 中国工业经济（7）：12 - 19.

卢锋，2007. 服务外包的经济学分析——产品内分工视角［M］. 北京：北京大学出版社.

卢锋，2007. 我国承接国际服务外包问题研究［J］. 经济研究（9）：49 - 61.

麦克米伦，2004. 国际经济学中的博弈论［M］. 高明，译. 北京：北京大学出版社.

齐城，2008. 农村劳动力转移与土地适度规模经营实证分析：以河南省信阳市为例［J］.

农业经济问题（4）：40-43.

钱文荣，张忠明，2007. 农民土地规模经营意愿影响因素实证研究——基于长江中下游区域的调查分析 [J]. 农业经济问题（5）：28-33.

钱学峰，梁琦，2007. 本地市场效应：理论和经验研究的新近进展 [J]. 经济学（季刊）（6）：969-990.

钱忠好，肖屹，曲福田，2007. 农民土地产权认知、土地征用意愿与征地制度改革——基于江西省鹰潭市的实证研究 [J]. 中国农村经济（1）：28-35.

邱艳华，王元月，2008. 我国城镇基本养老保险水平影响因素的经验研究 [J]. 中国管理科学（16）：601-605.

佘雪锋，2007. 产品内分工视野下国际贸易理论研究综述 [J]. 重庆科技学院学报（社会科学版）（1）.

盛斌，马涛，2008. 中间产品贸易对中国劳动力需求变化的影响：基于工业部门动态面板数据的分析 [J]. 世界经济（3）：12-20.

世界银行，2002. 全球经济展望与发展中国家 [M]. 北京：中国财政经济出版社.

唐玲，刘海云，2009. 外包的生产率效应及行业差异 [J]. 中国工业经济（8）：78-87.

唐玲，刘海云，2009. 外包生产率效应的研究评述 [J]. 国际经贸探索（11）：30-35.

王恩胡，2009. 中国转型期农民收入问题研究——基于二元经济社会结构的视角 [D]. 杨凌：西北农林科技大学.

王根蓓，2005. 对偶性一般均衡分析与国际贸易理论的深化——基于迪克西特与诺曼著《国际贸易理论》的分析 [J]. 经济学（季刊）（4）：503-520.

王新奎，1995. 国际贸易与国际投资中的利益分配 [M]. 上海：上海人民出版社.

魏蓓，2010. 我国耕地小规模经营与发达国家规模经营的对比分析 [J]. 华中农业大学学报（社会科学版）（1）：82-85.

吴敬琏，2003. 当代中国经济改革 [M]. 上海：上海远东出版社.

吴伟东，1988. 农业规模经营的层次性及我国农业规模经营的发展道路 [J]. 中国农村经济（6）：37-40.

徐金海，2011. 农民农业科技培训服务需求意愿及绩效的实证研究：以江苏省为例 [J]. 农业经济问题（12）：66-72.

徐姝，2003. 西方业务外包研究成果评介 [J]. 外国经济与管理（12）.

徐姝，2004. 企业业务外包战略运作体系与方法研究 [D]. 长沙：中南大学.

徐毅，张二震，2008. 外包与生产率：基于工业行业数据的经验研究 [J]. 经济研究（1）：103-113.

许月明，2006. 土地规模经营制约因素分析 [J]. 农业经济问题（9）：13-17.

薛小平，2006. Tobit 模型及其在医疗费用研究中的应用 [D]. 太原：山西医科大学.

亚当·斯密，2003. 国民财富的性质和原因的研究 [M]. 郭大力，王亚南，译. 北京：商务印书馆.

严启发，2006. 服务外包：我国经济发展的重大战略机遇 [J]. 经济研究参考，61.

杨灿明，郭慧芳，2006. 从农民收入来源构成看农民增收 [J]. 中南财经政法大学学报（4）.

杨丹辉，贾伟，2007. 外包的动因、条件及其影响：研究综述 [J]. 经济管理（8）：58-70.

杨琳，王佳佳，2008. 金融服务外包：国际趋势与中国选择——服务外包与中国服务业发展丛书 [M]. 北京：人民出版社.

杨守玉，王厚俊，2009. "三农"视角下的土地流转制度创新 [J]. 农业经济问题（2）：73-76.

杨小凯，张永生，2001. 新贸易理论、比较优势理论及其经验研究的新成果：文献综述 [J]. 经济学（季刊）（1）：19-44.

杨扬，2007. 在社会主义新农村建设中稳步推进土地适度规模经营——宁夏石嘴山市平罗县农村"土地信用合作社"考察与启示 [J]. 中国农村经济（3）：58-64.

伊恩·本，吉尔·珀斯，2004. 外包制胜：利用外部资源提高竞争优势 [M]. 陈瑟，译. 北京：人民邮电出版社.

俞国琴，2006. 中国地区产业转移 [M]. 上海：学林出版社.

袁永友，魏宏贵，2007. 外包服务与我国服务贸易增长方式的缺陷、效应及创新 [J]. 国际贸易（8）：33-37.

约翰·伊特韦尔，等，1992. 新编帕尔格雷夫经济学大辞典（第二卷）[M]. 北京：经济科学出版社：807.

詹晓宁，刑厚媛，2005. 服务外包：发展趋势与承接战略 [J]. 国际经济合作，4.

展进涛，2009. 中国水稻生产增长与政府管理研究 [D]. 南京：南京农业大学.

张磊，徐琳，2006. 服务外包（BPO）的兴起及其在中国的发展 [J]. 世界经济研究，5.

张少华，陈浪南，2009. 外包对中国能源利用效率影响的实证研究 [J]. 国际贸易问题（6）：23-29.

张维迎，2004. 博弈论与信息经济学 [M]. 上海：上海人民出版社.

张云川，2005. IT 外包服务及其执行过程风险规避的研究 [D]. 武汉：华中科技大学.

赵楠，李静，2007. 中国发展服务外包的路径选择 [J]. 经济学家，3.

赵楠，2007. 服务外包与我国利用外资的地区平衡——基于服务外包运行机制的分析 [J].
　财贸经济（9）：81-85.

郑风田，1995. 我国现行土地制度的产权残缺与新型农地制度构想 [J]. 管理世界（4）：
　138-146.

郑少锋，1998. 土地规模经营适度的研究 [J]. 农业经济问题（11）：8-11.

郑秀莲，2008. 承接国际外包对中国制造业产业发展的影响研究 [D]. 厦门：厦门大学.

朱晓明，潘龙清，黄峰，2006. 服务外包——把握现代服务业发展新机遇 [M]. 上海：上
　海交通大学出版社.

邹全胜，王莹，2006. 服务外包：理论与经验分析 [J]. 国际贸易问题（5）：54-61.

Alan D，2005. A Trade Theorist's Take on Skilled - labor Outsourcing [J]. International
　Review of Economics and Finance（14）：259-271.

Alchian A，Demsetz H，1972. Production Information Costs and Economic Organization
　[J]. American Economic Review：777-795.

Anderson J，Ericvan W，2004. Trade Costs [J]. Journal of Economic Literature：
　691-751.

Anderton B，Brenton P，1999. Outsourcing and low - skilled workers in the UK [J]. Bulle-
　tin of Economic Research（51）：267-285.

Arnold U，2000. New dimensions of outsourcing：A combination of transaction cost econo-
　mies and the core competencies concept [J]. European Journal of Purchasing & Supply
　Management（6）：23-29.

Bardhan I，Mithase S，Lin S，2007. Performance impacts of strategy，information technol-
　ogy applications，and business process outsourcing in US manufacturing plants [J]. Pro-
　duction and Operations Management：747-762.

Bardhan I，Whitaker J，Mithas S，2006. Information technology，production process out-
　sourcing and manufacturing plant performance [J]. Journal of Management Information
　Systems：13-20.

Besanko D，Dranove D，Shanley M，1996. The Economics of Strategy [M]. John Wiley &
　Sons Ins.

Caufield CC，2001. Faculty of Business and Economics [M]. Australia：Monash University.

Cheo MJ，Grover V，Teng JTC，1995. Theoretical Perspectives on the Outsourcing of In-
　formation System [J]. Journal of Information Technology.

Claver E，Gonzalez R，Gasco J，et al，2002. Information systems outsourcing：reasons， reservations and success factors [J]. Logistics Information Management (4): 294 - 308.

Domberger S, 1998. The contracting organization: A strategic guide to outsourcing [M]. Oxford: Oxford University Press.

Egger H, Egger P, 2005. Labor Market Effects of outsourcing Under Industrial Interdependence [J]. International Review of Economics and Finance (14): 349 - 363.

Fahy J, 2002. A Resourced - based Analysis of Sustainable Competitive Advantage in a Global Environment [J]. International Business Review (11): 55 - 70.

Falk M, Wolfmayr Y, 2008. Services and Materials Outsourcing to Low - wage Countries and Employment: Empirical Evidence from EU Countries [J]. Structural Change and Economic Dynamics (19): 38 - 52.

Feenstra RC, Hanson GH, 1996. Globalization, Outsourcing, and Inequality [J]. American Economic Review (86): 240 - 245.

Feenstra RC, 1998. Integration of Trade and Disintegration of Production in the Global Economy [J]. The Journal of Economic Perspective.

Gary H, Prahaoad CK, 1990. The Core Competence of the Corporation [J]. Harvard Business Review.

Glass AJ, Saggi K, 2001. Innovation and Wage Effects of International Outsourcing [J]. European Economic Review (45): 67 - 86.

Gorg H, Hanley A, 2005. International Outsourcing and Productivity: Evidence from the Irish Electronics Industry [J]. North American Journal of Economic and Finance (16).

Hayami Y, Ruttan VW, 1971. Agricultural development: An international perspective [M]. The Johns Hopkins Press.

Heshmati A, 2003. Productivity Growth, Efficiency and Outsourcing in Manufacturing and Service Industries [J]. Journal of Economic Surveys (17): 155.

Hummels D, Ishii J, Yi KM, 2001. The Nature and Growth of Vertical Specialization in World Trade [J]. Journal of International Economics, 54: 75 - 96.

Kohler W, 2003. The Distributional Effects of International Outsourcing [J]. German Economic Review: 89 - 120.

Krugman PR, 1996. Does Third World Growth Hurt First World Prosperity? [J]. Harvard Business Review.

Manjula SS, Cullen JB, Umesh UN, 2008. Outsourcing and performance in Entrepreneurial firms: contingent relationships with Entrepreneurial Configurations [J]. Decision Sciences，39 (3)：359 - 381.

Mann C，2004. Globalization of IT Services and White - Collar Jobs：The Next Wave of Productivity and Growth [J]. International Economies Policy Briefs (3).

Monteverde K，Teece DJ，1982. Supplier Switching Costs and Vertical Integration in the Automobile Industry [J]. The Bell Journal of Economics (13)：206 - 213.

Ngo Van Long，2005. Outsourcing and technology spillovers [J]. International Review of Economics and Finance：297 - 304.

Oliver H，Moore JA，1994. Theory of Debt Based on the Inalienability of Human Capital [J]. Quarterly Journal of Economics，109 (4)：841 - 879.

Quinn JB，Hilmer FG，1994. Strategic outsourcing [J]. Sloan Management Review (35).

Samuelson PA，Nordhaus WD，1998. Economics [M]. 16th ed. 北京：机械工业出版社.

Schultz TW，1964. Transforming Traditional Agriculture [M]. New Haven：Yale University Press.

Sourafel G，Gorg H，2004. Outsourcing，Foreign Ownership and Productivity：Evidence from UK Establishment - Level Data [J]. Review of International Economics，12 (5).

Takigawa T，Bahalayodhin B，Koike M，et al，2002. Development of the contract hire system for rice production in Thailand (Part 1) —Managerial aspects of contract hire system in Nong Pla Mor village，Ratchaburi province [J]. Journal of the Japanese Society of Agricultural Machinery，64 (5)：51 - 59.

Teng GC，1996. The Effect of Service Quality and Partnership on the Outsourcing of Information Systems Functions [J]. Journal of Management Information Systems (4)：89 -116.

Vining A，Globerman SA，1999. Conceptual framework for understanding the outsourcing decision [J]. European Management Journal (17)：645 - 654.

Yasunobu K，Morooka Y，1995. A contract system for rice farming work in the Muda Plain，Peninsula Malaysia [J]. Farming Japan，29 (2)：34 - 37.